Jörg Krampe
Rolf Mittelmann

Das Mathe-Knobelheft

Klasse 3/4

Cornelsen

Die Autoren des Bandes
Jörg Krampe und **Rolf Mittelmann** haben langjährige Erfahrung als Lehrer an Grund- und Sekundarschulen, als Schulleiter von Grundschulen und in der Lehrerausbildung.
Sie sind Mitarbeiter zweier Schulbücher für Mathematik an der Grundschule und Autoren zahlreicher Bände zu methodischen und didaktischen Themen, insbesondere zu Lern- und Übungsmaterialen.

Projektleitung: Dorothee Weylandt, Berlin
Redaktion: Stefan Giertzsch, Werder (Havel)
Umschlagkonzept/-gestaltung: Corinna Babylon, Berlin
Umschlagillustrationen: Eisberg: Shutterstock/rudall30;
alle anderen: Antje Keidies, Münster (koloriert von Corinna Babylon, Berlin)
Layout / technische Umsetzung: LemmeDESIGN, Berlin
Illustrationen:
Antje Keidies, Münster; Theresia Koppers, Düsseldorf;
Sabine Wiemers, Düsseldorf; Detlef Seidensticker, München

www.cornelsen.de

1. Auflage, 2. Druck 2024

Druck: Athesiadruck GmbH, Bozen

ISBN 978-3-589-16642-8

Inhaltsverzeichnis

Wahrnehmen und Vergleichen

Vorher – nachher

Nur fünf Kinder hier auf dem Schulhof sind aus der Klasse 3a.

Nach der Pause gehen alle Kinder wieder in ihre Klassenräume.
Hier siehst du den Klassenraum der 3a.

1 Schreibe in das untere Bild nur die Namen der Kinder, die du auch auf dem Schulhof gesehen hast.

2 Bilde aus den fünf Anfangsbuchstaben dieser Namen ein Wort. Es bezeichnet eine wichtige Zeit in der Schule.

Wahrnehmen und Vergleichen – Lösungen

Vorher – nachher

Nur fünf Kinder hier auf dem Schulhof sind aus der Klasse 3a.

Nach der Pause gehen alle Kinder wieder in ihre Klassenräume.
Hier siehst du den Klassenraum der 3a.

1 Schreibe in das untere Bild nur die Namen der Kinder, die du auch auf dem Schulhof gesehen hast.

2 Bilde aus den fünf Anfangsbuchstaben dieser Namen ein Wort. Es bezeichnet eine wichtige Zeit in der Schule.

P A U S E

Wahrnehmen und Vergleichen

Blickwinkel

1 Vanessa (V) hat Besuch von ihren Freundinnen Anne (A), Emilie (E) und Susi (S). Alle sind in Vanessas Zimmer und schauen in eine andere Richtung ⟶.

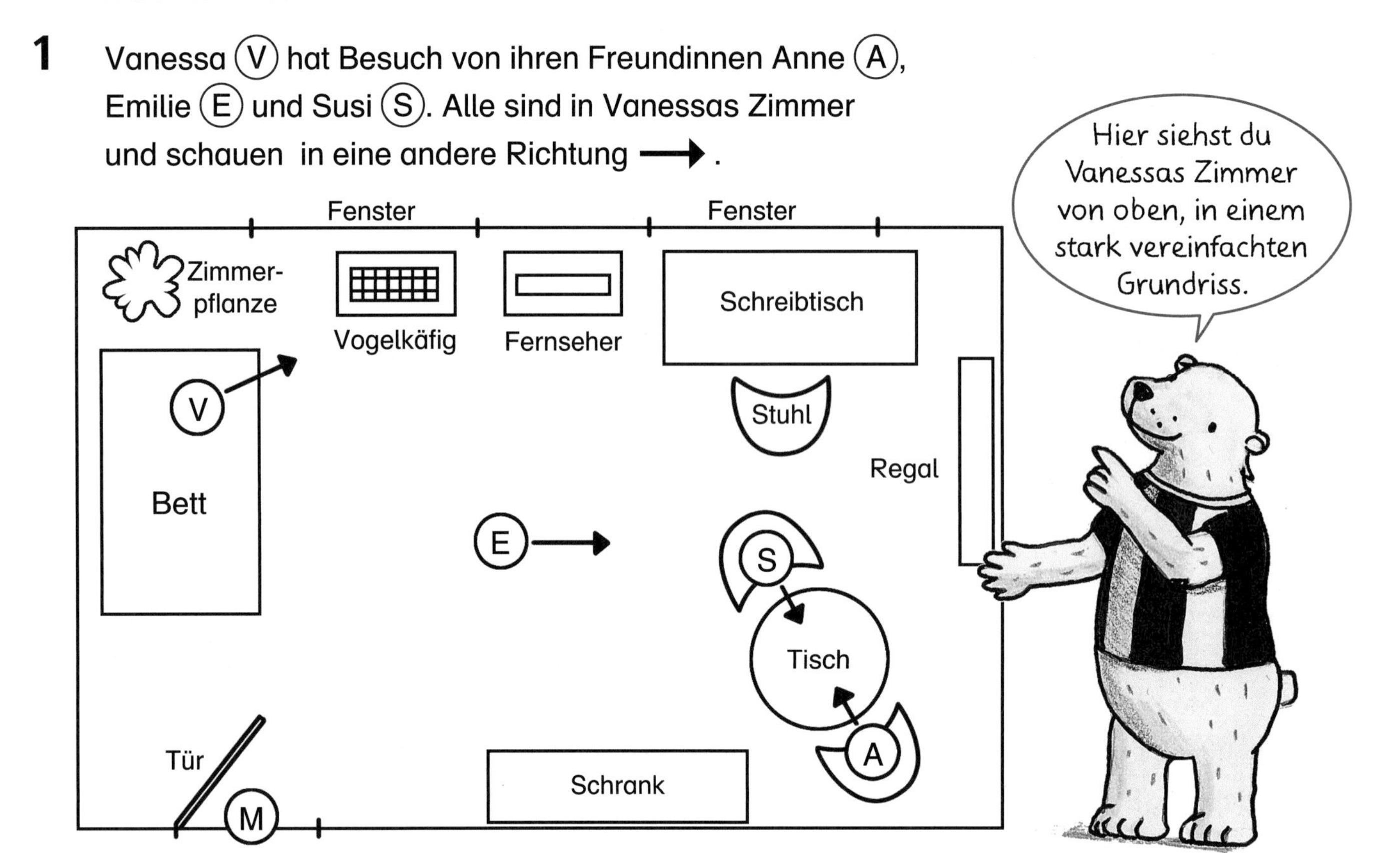

Wer sieht was?
Ordne die Bilder den Kindern zu. Schreibe immer den Anfangsbuchstaben des Namens in das Kästchen. **Achtung:** Zwei Bilder passen nicht.

Die Anfangsbuchstaben ergeben ein Wort: ___ ___ ___ ___

2 Welche beiden Kinder kann Mutter (M) nicht sehen?
Lösung: Mutter sieht __________ und __________ nicht.

Die beiden Namen haben drei Buchstaben gemeinsam.

Wahrnehmen und Vergleichen – Lösungen

Blickwinkel

1 Vanessa (V) hat Besuch von ihren Freundinnen Anne (A), Emilie (E) und Susi (S). Alle sind in Vanessas Zimmer und schauen in eine andere Richtung →.

Fenster | Fenster

Zimmerpflanze | Vogelkäfig | Fernseher | Schreibtisch

Stuhl | Regal

Bett (V) | (E) | (S) | Tisch | (A)

Tür (M) | Schrank

Hier siehst du Vanessas Zimmer von oben, in einem stark vereinfachten Grundriss.

Wer sieht was?

Ordne die Bilder den Kindern zu. Schreibe immer den Anfangsbuchstaben des Namens in das Kästchen. **Achtung:** Zwei Bilder passen nicht.

V 

A 

– 

S 

– 

E 

Die Anfangsbuchstaben ergeben ein Wort: V A S E

2 Welche beiden Kinder kann Mutter (M) nicht sehen?

Lösung: Mutter sieht Anne und Vanessa nicht.

Die beiden Namen haben drei Buchstaben gemeinsam.

Wahrnehmen und Vergleichen

Was passt nicht?

In jeder Reihe passt ein Bild nicht zu den anderen. Kreise es ein.
Trage den zugehörigen Buchstaben am Rand ein.

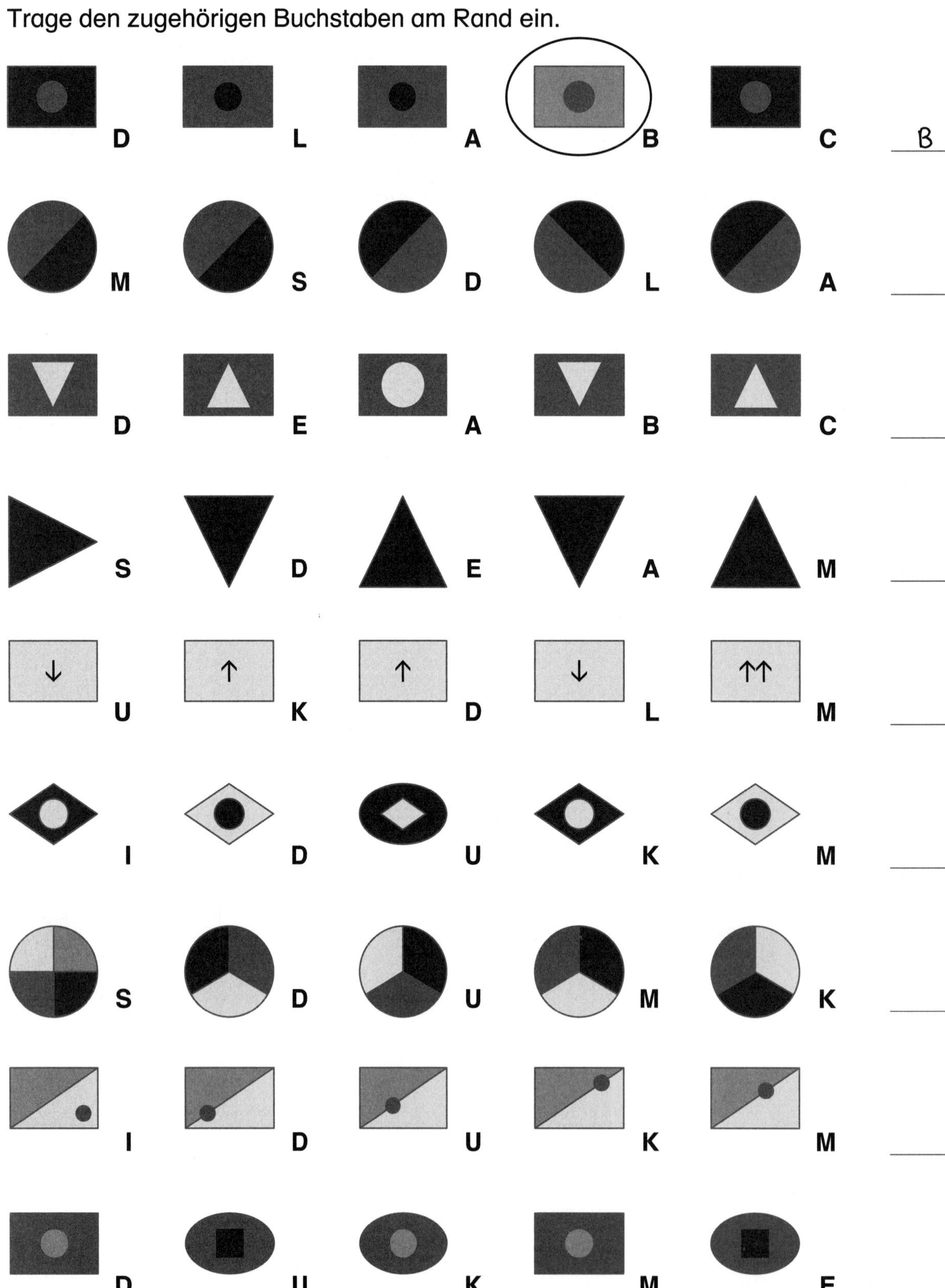

Trage hier die Buchstaben der Reihe nach ein und du erhältst
das Lösungswort: B __ __ __ __ __ __ __ __

Wahrnehmen und Vergleichen – Lösungen

Was passt nicht?

In jeder Reihe passt ein Bild nicht zu den anderen. Kreise es ein.
Trage den zugehörigen Buchstaben am Rand ein.

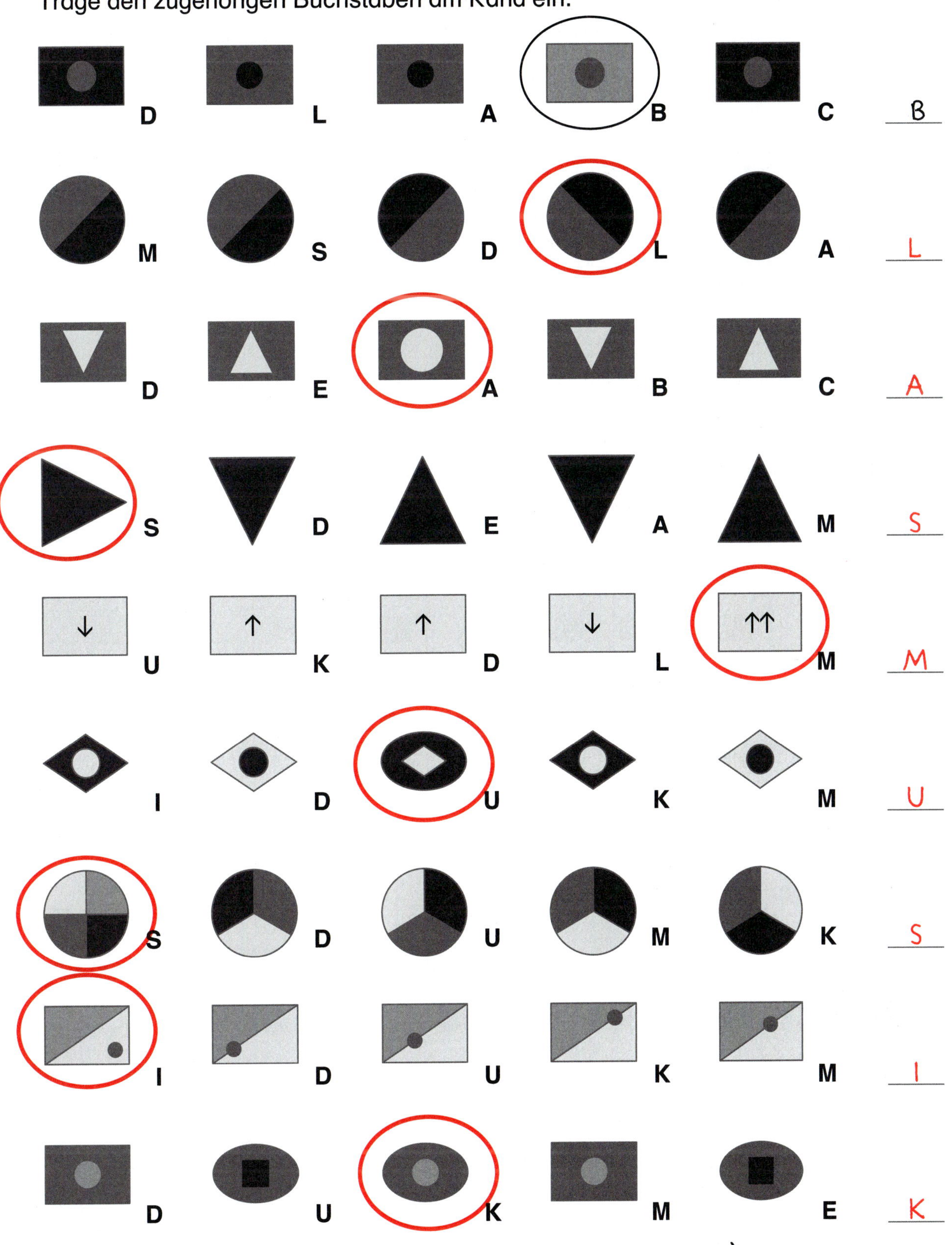

Trage hier die Buchstaben der Reihe nach ein und du erhältst das Lösungswort: B L A S M U S I K

Wahrnehmen und Vergleichen

Was passt nicht?

1 Es gibt 28 verschiedene Dominosteine. Hier kommen zwei Steine zweimal vor.
Kreise beide Paare ein und bestimme die Augenzahl.

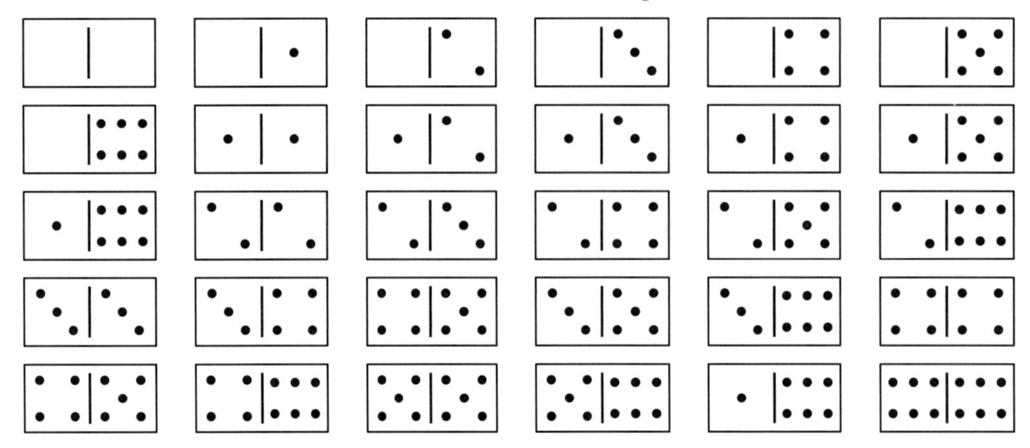

Die Augenzahlen der gesuchten vier Dominosteine ergeben zusammen ____.
Kontrolle: Die gesuchte Zahl hat die Quersumme 5.

2 Ein Bild passt nicht. Kreuze es an und zeichne das richtige Bild.

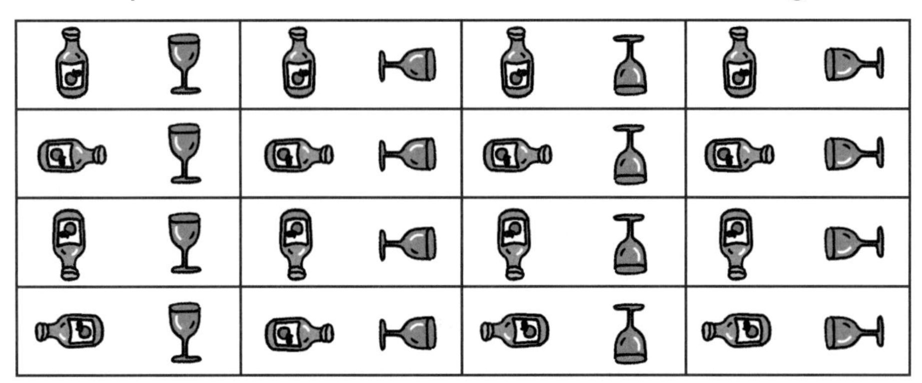

richtiges Bild:

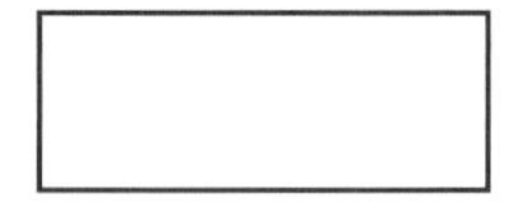

3

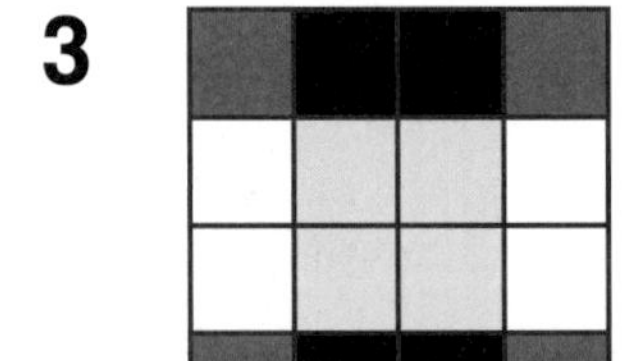

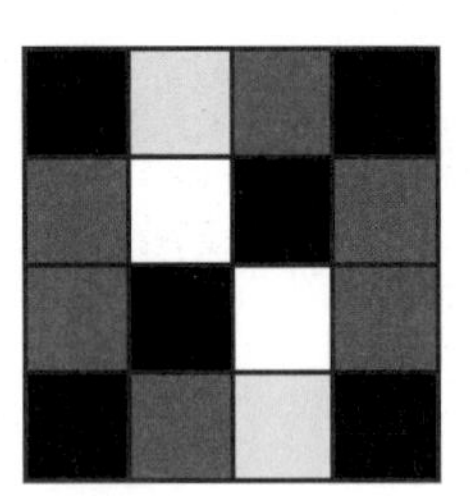

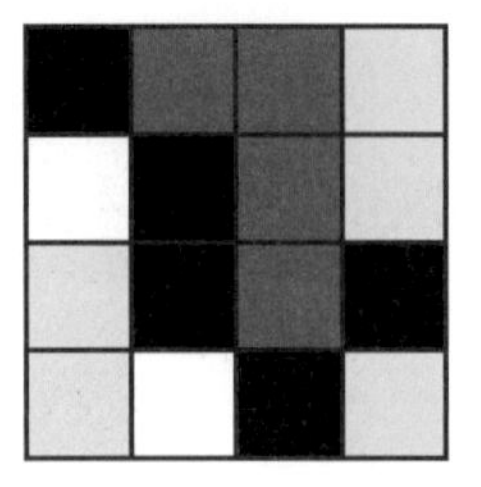

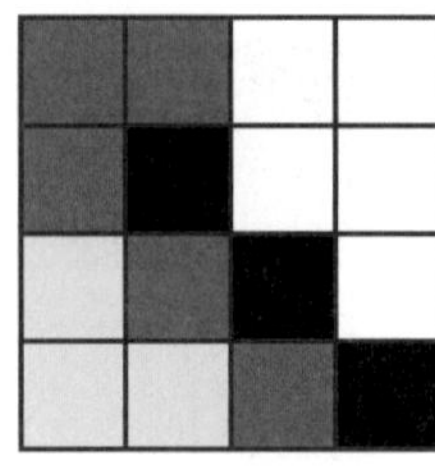

Paul hat acht quadratische Platten.
Sie sind auf einer Seite weiß und
auf der anderen schwarz.
Emmas acht Platten sind dunkel- und hellgrau.
Welches Muster können Emma und
Paul mit ihren Platten nicht legen?
Streiche es durch.

Wahrnehmen und Vergleichen – Lösungen

Was passt nicht?

1 Es gibt 28 verschiedene Dominosteine. Hier kommen zwei Steine zweimal vor. Kreise beide Paare ein und bestimme die Augenzahl.

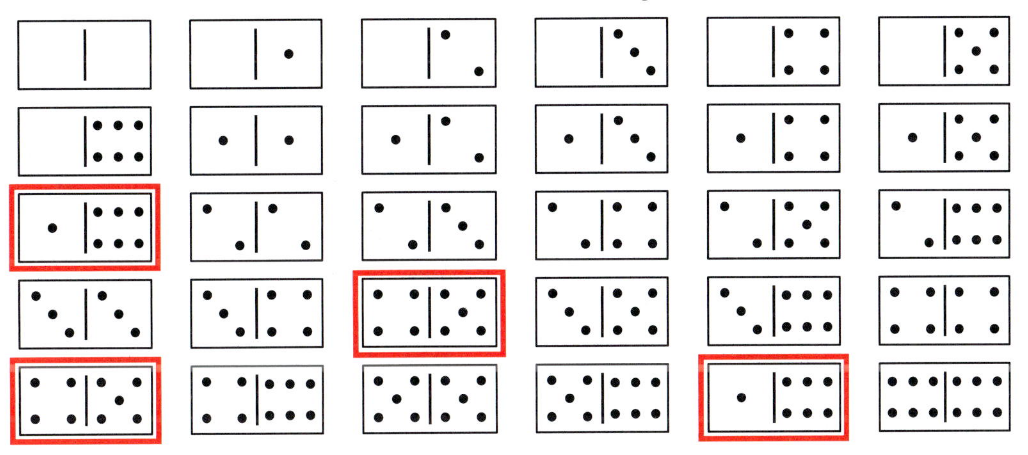

Die Augenzahlen der gesuchten vier Dominosteine ergeben zusammen 32.
Kontrolle: Die gesuchte Zahl hat die Quersumme 5.

2 Ein Bild passt nicht. Kreuze es an und zeichne das richtige Bild.

richtiges Bild:

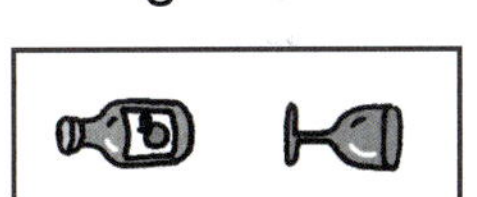

3

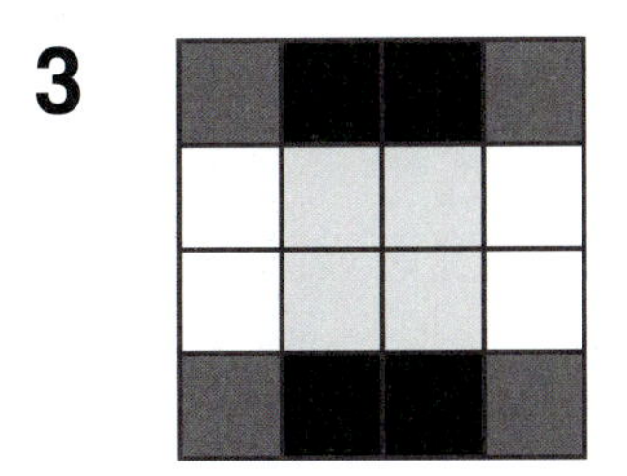

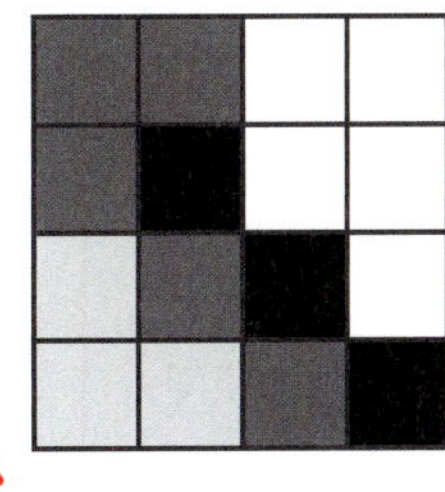

Paul hat acht quadratische Platten.
Sie sind auf einer Seite weiß und
auf der anderen schwarz.
Emmas acht Platten sind dunkel- und hellgrau.
Welches Muster können Emma und
Paul mit ihren Platten nicht legen?
Streiche es durch.

Wahrnehmen und Vergleichen

Was gehört zusammen?

1 Zwei Motive kommen nur einmal vor. Kreise sie ein.
Beide beginnen mit dem gleichen Buchstaben.

2 Suche zu den Bildern oben immer ein passendes Bild darunter.
Notiere die zugehörigen Buchstaben.

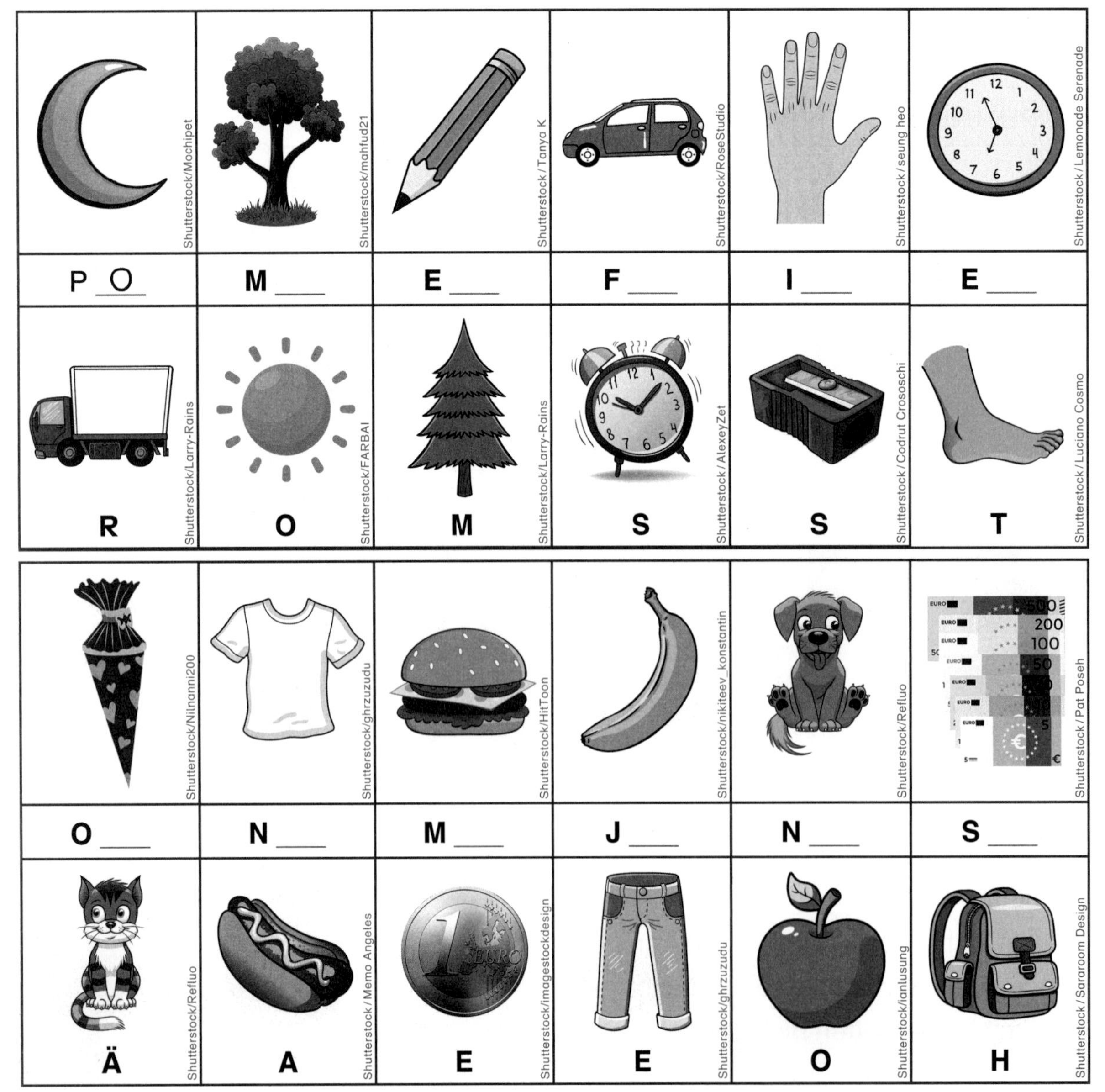

Kontrolle: In der Mitte entsteht der Name einer Speise.

Wahrnehmen und Vergleichen – Lösungen

Was gehört zusammen?

1 Zwei Motive kommen nur einmal vor. Kreise sie ein.
Beide beginnen mit dem gleichen Buchstaben.

2 Suche zu den Bildern oben immer ein passendes Bild darunter.
Notiere die zugehörigen Buchstaben.

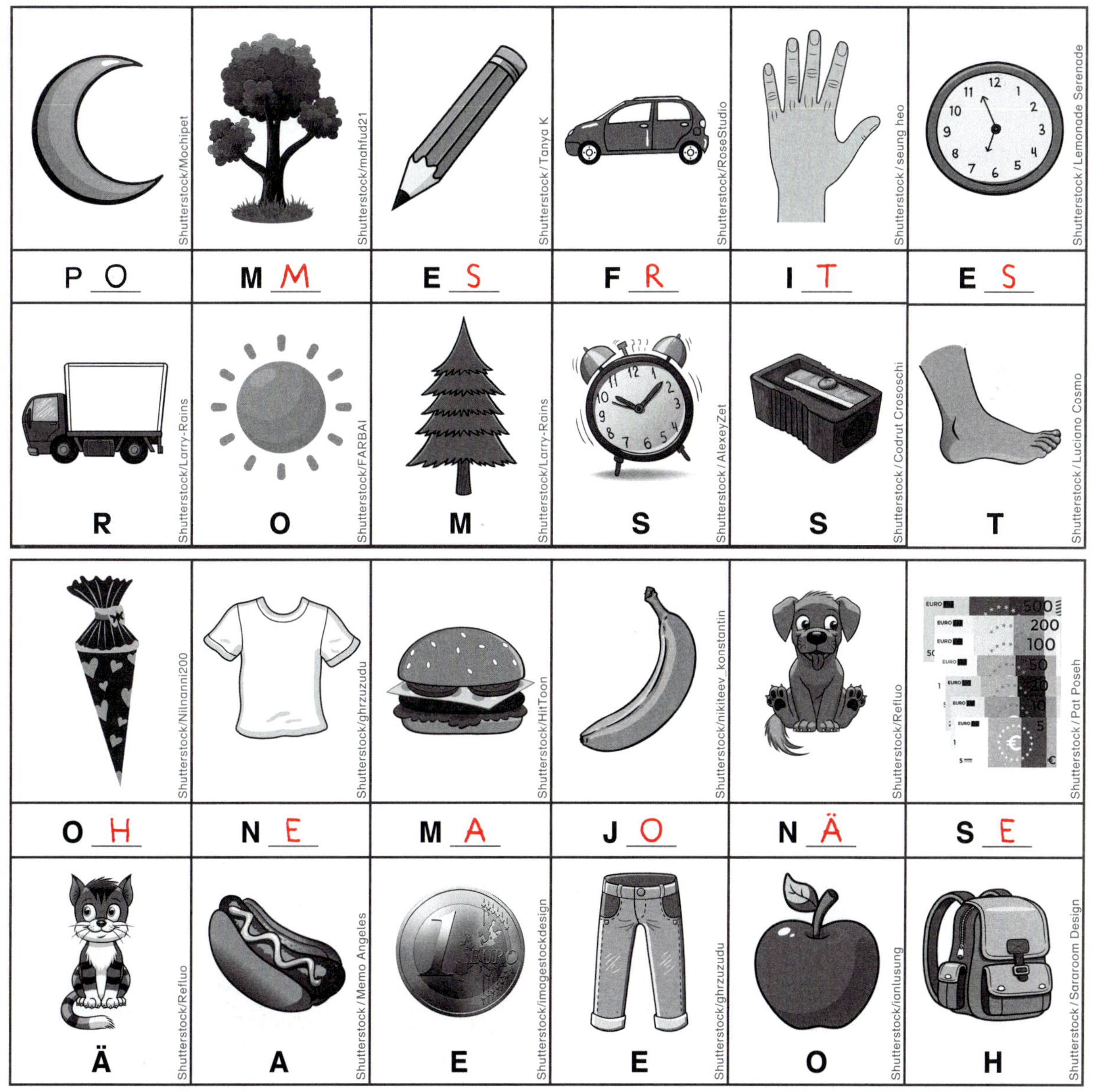

Kontrolle: In der Mitte entsteht der Name einer Speise.

Wahrnehmen und Vergleichen

Ausschnitte aus der Zahlentafel

1 Trage die fehlenden Zahlen ein.

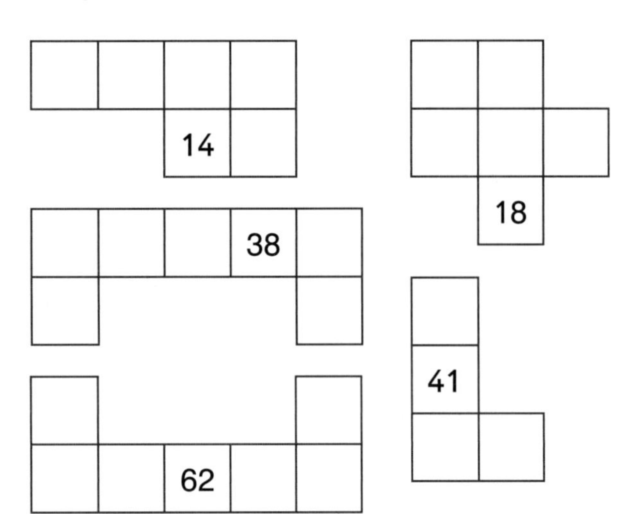

Das ist eine besondere Zahlentafel.

1	2	3	4	5	6	7	8
9	10	11	12	13	14	15	16
17	18	19	20	21	22	23	24
25	26	27	28	29	30	31	32
33	34	35	36	37	38	39	40
41	42	43	44	45	46	47	48
49	50	51	52	53	54	55	56
57	58	59	60	61	62	63	64
65	66	67	68	69	70	71	72
73	74	75	76	77	78	79	80
81							

2 Einige Ausschnitte können nicht aus dieser Zahlentafel stammen. Färbe die richtigen Ausschnitte und zeichne sie in die Zahlentafel ein.
Die richtigen Ausschnitte ergeben ein Wort.

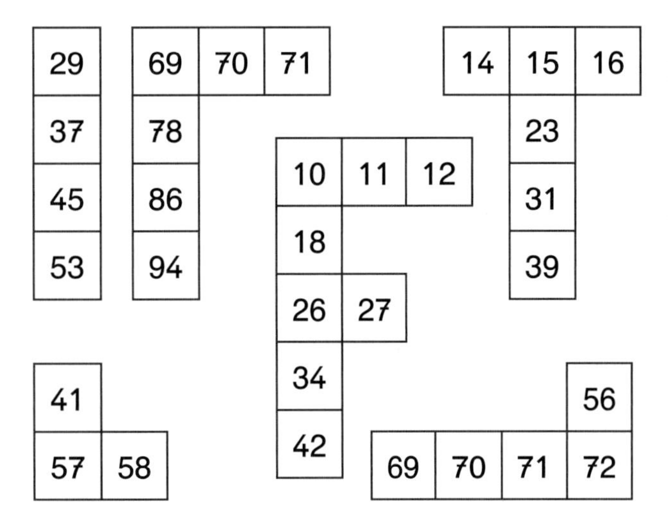

3 Ergänze diese Ausschnitte aus der Zahlentafel.

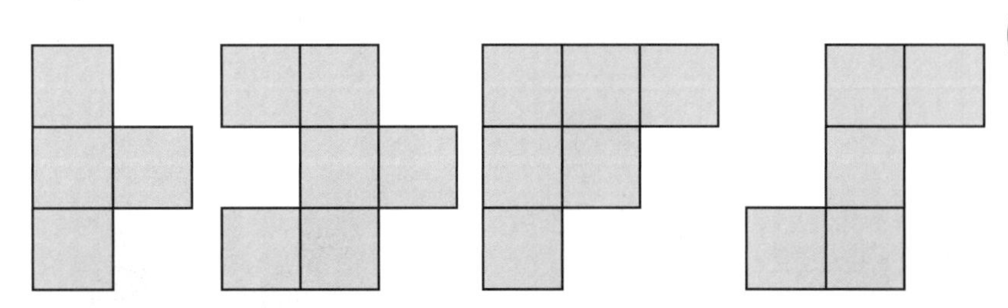

Zur Kontrolle kannst du die Tafel weiter ausfüllen.

Wahrnehmen und Vergleichen – Lösungen

Ausschnitte aus der Zahlentafel

Das ist eine besondere Zahlentafel.

1 Trage die fehlenden Zahlen ein.

4	5	6	7
		14	15

1	2	
9	10	11
	18	

35	36	37	38	39
43				47

33	
41	
49	50

52				56
60	61	62	63	64

1	2	3	4	5	6	7	8
9	10	11	12	13	14	15	16
17	18	19	20	21	22	23	24
25	26	27	28	29	30	31	32
33	34	35	36	37	38	39	40
41	42	43	44	45	46	47	48
49	50	51	52	53	54	55	56
57	58	59	60	61	62	63	64
65	66	67	68	69	70	71	72
73	74	75	76	77	78	79	80
81	82	83	84	85	86	87	88
89	90	91	92	93	94	95	96
97	98	99	100	101	102	103	104
105	106	107	108	109	110	111	112
113	114	115	116	117	118	119	120
121	122	123	124	125	126	127	128
129	130	131	132	133	134	135	136

2 Einige Ausschnitte können nicht aus dieser Zahlentafel stammen. Färbe die richtigen Ausschnitte und zeichne sie in die Zahlentafel ein.
Die richtigen Ausschnitte ergeben ein Wort.

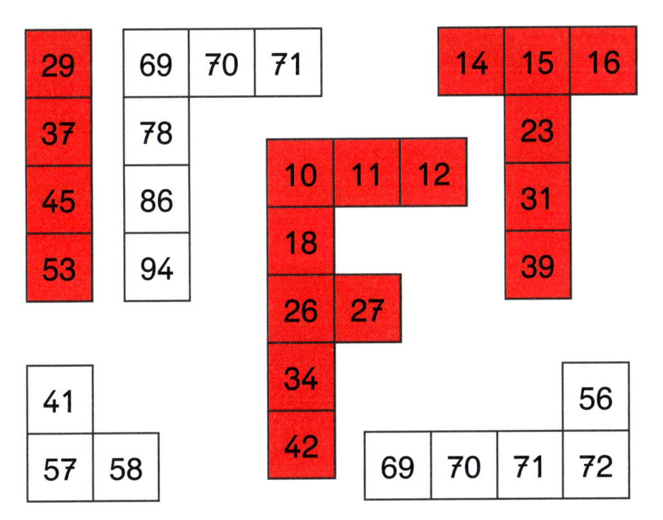

3 Ergänze diese Ausschnitte aus der Zahlentafel.

67	
75	76
83	

78	79	
	87	88
94	95	

110	111	112
118	119	
126		

	98	99
	106	
113	114	

Zur Kontrolle kannst du die Tafel weiter ausfüllen.

Wahrnehmen und Vergleichen

Flächen

1 In jeder Figur wurden die grauen Kästchen gezählt, aber nur zweimal richtig.
Kreuze diese an.

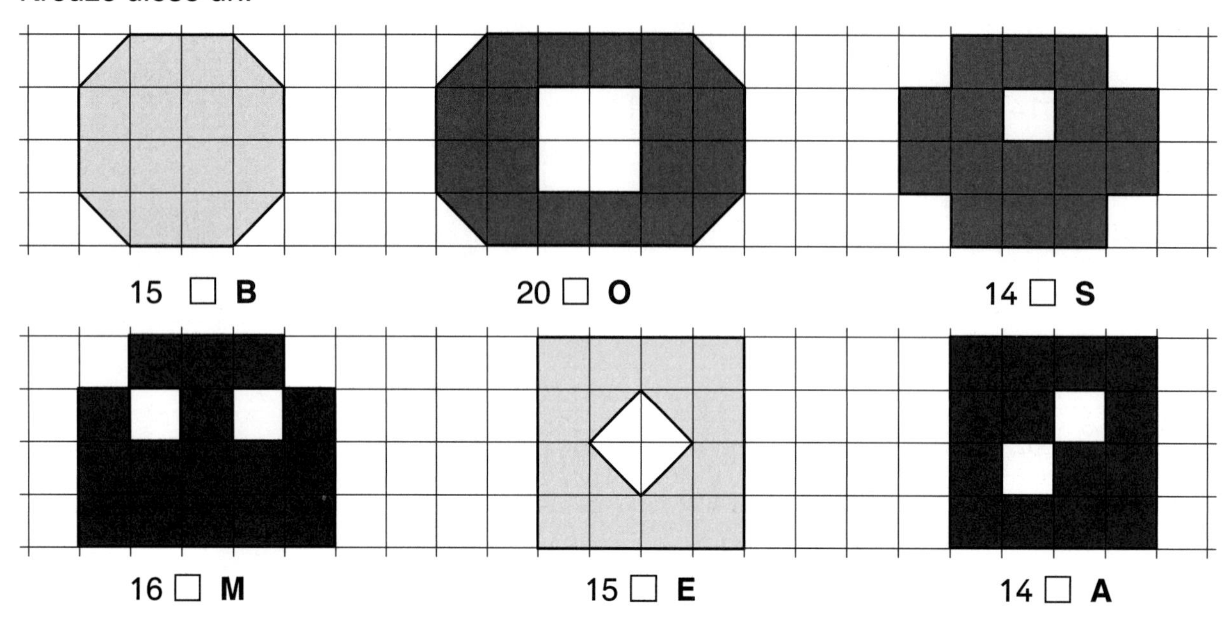

15 ☐ **B** 20 ☐ **O** 14 ☐ **S**

16 ☐ **M** 15 ☐ **E** 14 ☐ **A**

2 Mit welchen zwei Figuren kannst du die Lücke im Rechteck ausfüllen?
Kreuze an. **Achtung:** Keine Lücken oder Überschneidungen!

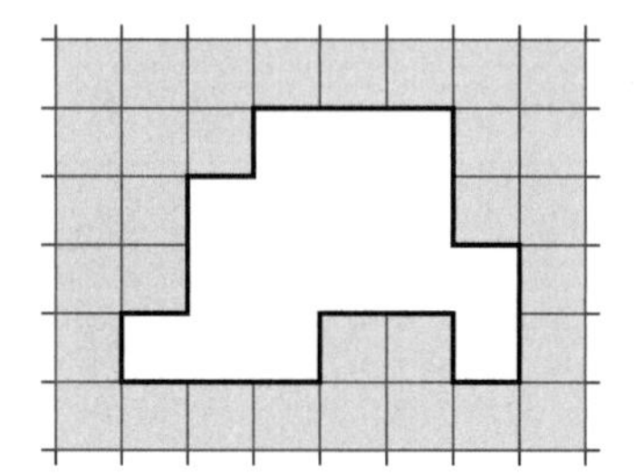

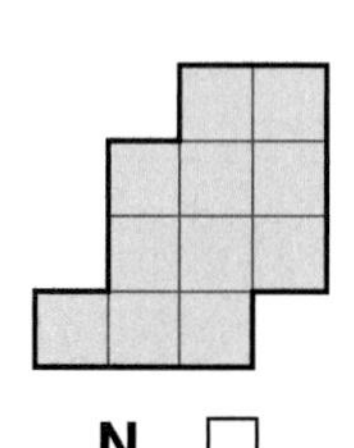

N ☐

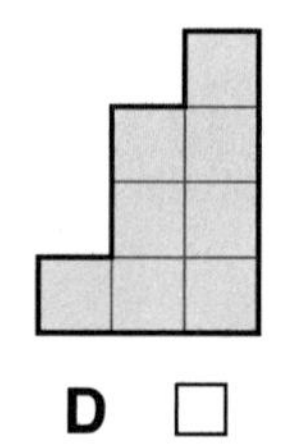

D ☐

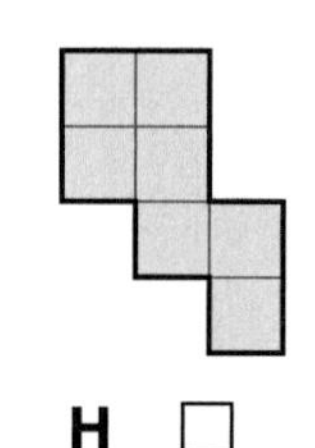

H ☐

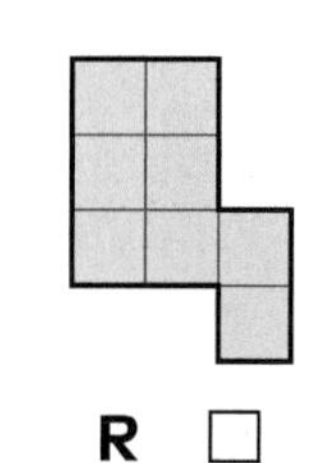

R ☐

3 Nur Quadrate!
Wie oft passt das kleinste Quadrat in das größte?
Kreuze die richtige Antwort an.
S ☐ 16-mal **I** ☐ 25-mal **T** ☐ 36-mal

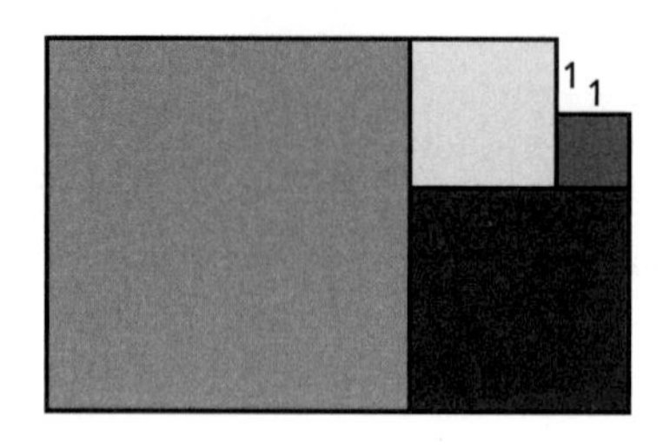

4 Welche Farbe hat das sichtbare Ende der Luftschlange –
schwarz oder weiß? Kreuze an.

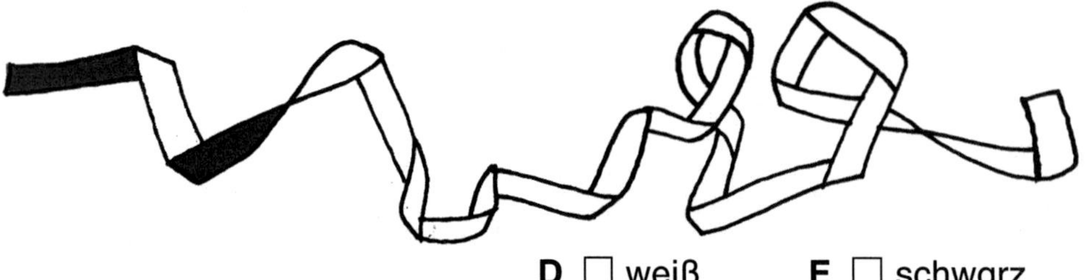

D ☐ weiß **E** ☐ schwarz

Kontrolle: Die angekreuzten Buchstaben aller 4 Aufgaben ergeben
einen Städtenamen: __ __ __ __ __ __

Wahrnehmen und Vergleichen – Lösungen

Flächen

1 In jeder Figur wurden die grauen Kästchen gezählt, aber nur zweimal richtig.
Kreuze diese an.

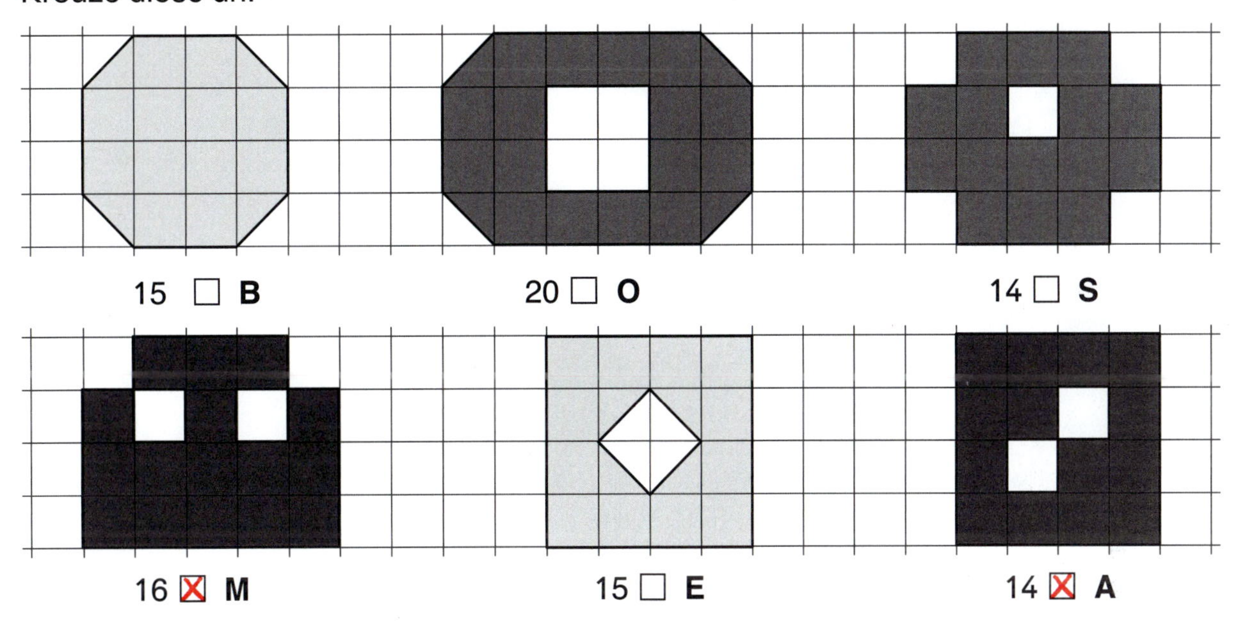

15 ☐ **B** 20 ☐ **O** 14 ☐ **S**

16 ☒ **M** 15 ☐ **E** 14 ☒ **A**

2 Mit welchen zwei Figuren kannst du die Lücke im Rechteck ausfüllen?
Kreuze an. **Achtung:** Keine Lücken oder Überschneidungen!

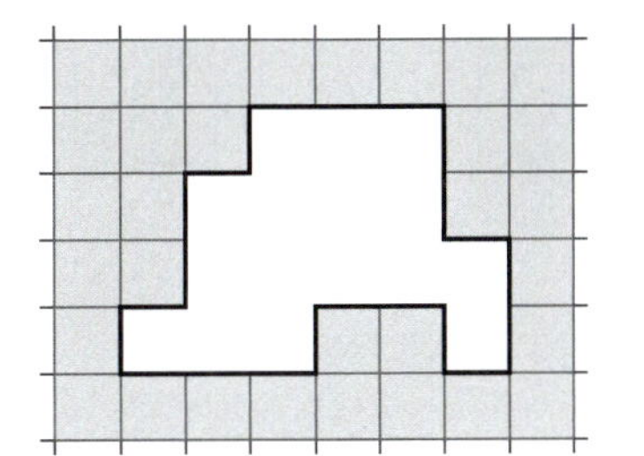

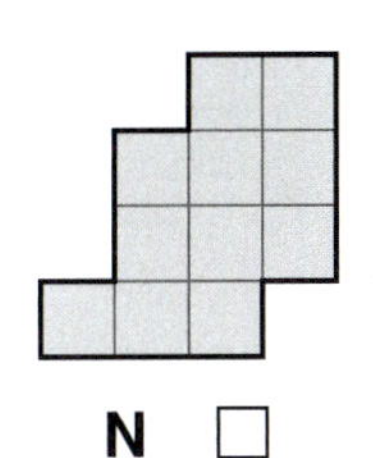

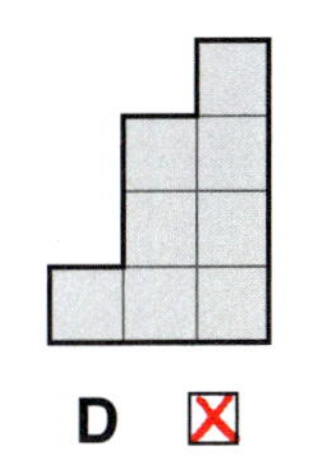

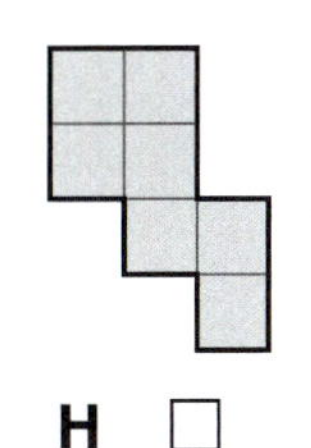

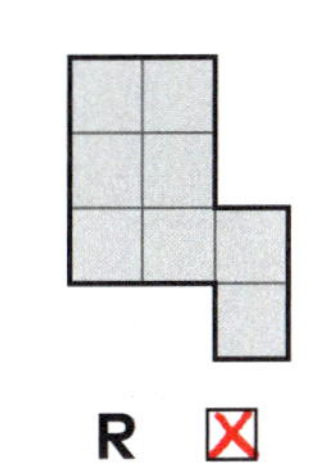

N ☐ **D** ☒ **H** ☐ **R** ☒

3 Nur Quadrate!
Wie oft passt das kleinste Quadrat in das größte?
Kreuze die richtige Antwort an.

S ☐ 16-mal **I** ☒ 25-mal **T** ☐ 36-mal

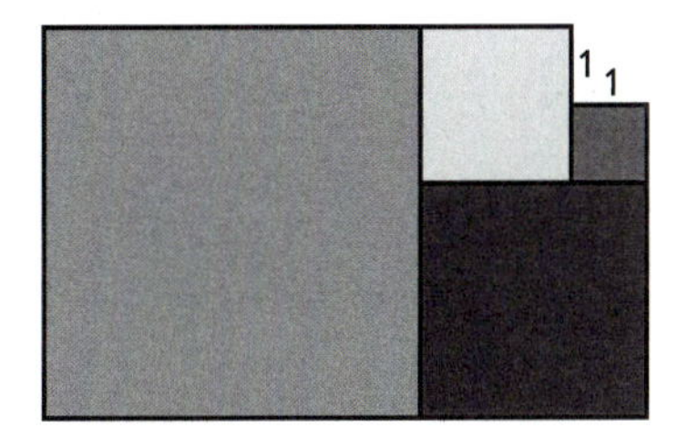

4 Welche Farbe hat das sichtbare Ende der Luftschlange – schwarz oder weiß? Kreuze an.

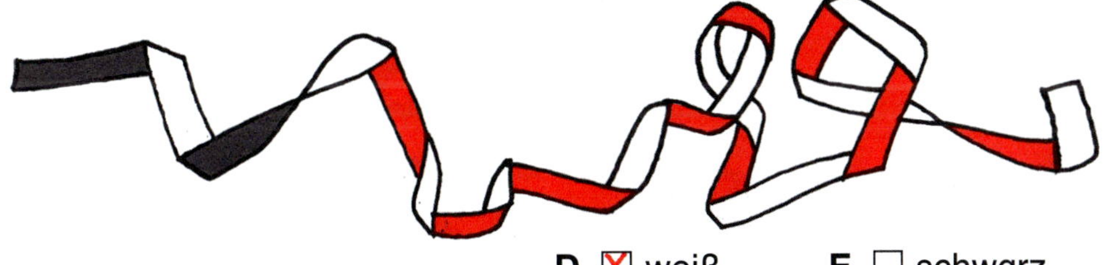

D ☒ weiß **E** ☐ schwarz

Kontrolle: Die angekreuzten Buchstaben aller 4 Aufgaben ergeben einen Städtenamen: M A D R I D

978-3-589-16642-8 Autoren: Jörg Krampe und Rolf Mittelmann • Das Knobelheft für die Klassen 3 und 4 • Illustrationen: Theresia Koppers

Wahrnehmen und Vergleichen

Spiegelbilder

1 Ordne jedem Bild sein Spiegelbild zu.

1 → ___

2 → ___

3 → ___

4 → ___

2 Welche Hälfte passt zum ersten Bild? Kreuze das richtige Spiegelbild an.

☐ 

☐ 

☐ 

☐ 

3 Ergänze spiegelbildlich. Zweimal entsteht kein richtiges Wort.

a) TA OT AN UH

b) EICHE ICH BOXER OHO

4 Hier wird nach unten gespiegelt.
Welches ist das Spiegelbild? Umkringle den Buchstaben.

a) 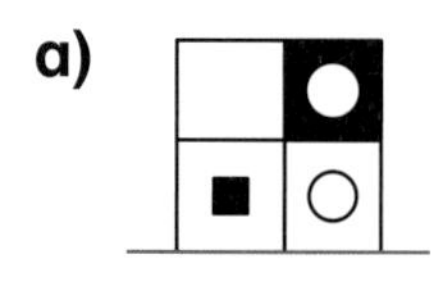 A 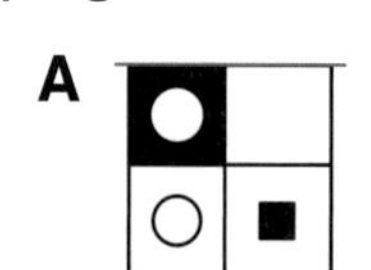 U 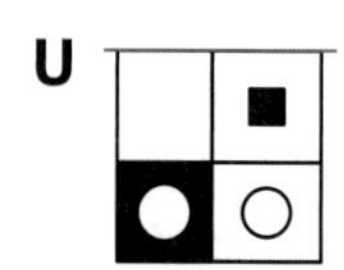 F 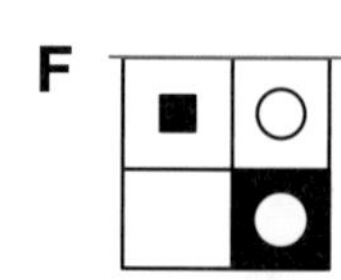

b) S  T  O 

Kontrolle: Die Buchstaben bei den falschen Bildern ergeben der Reihe nach das Lösungswort: ___ ___ ___ ___

Wahrnehmen und Vergleichen – Lösungen

Spiegelbilder

1 Ordne jedem Bild sein Spiegelbild zu.

1 → A
2 → U
3 → T
4 → O

2 Welche Hälfte passt zum ersten Bild? Kreuze das richtige Spiegelbild an.

☐ 

☐ 

☒ 

☐ 

3 Ergänze spiegelbildlich. Zweimal entsteht kein richtiges Wort.

a) TA|AT OT|TO AN|ИA UH|HU

b) ~~EICHE~~ ~~ICH~~ ~~BOXEB~~ ~~OHO~~

4 Hier wird nach unten gespiegelt.
Welches ist das Spiegelbild? Umkringle den Buchstaben.

a) 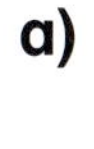 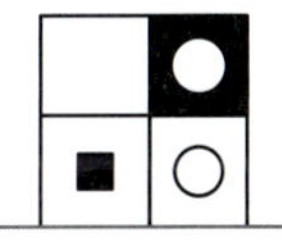

A 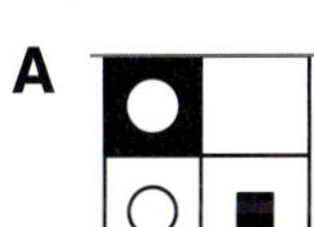

U 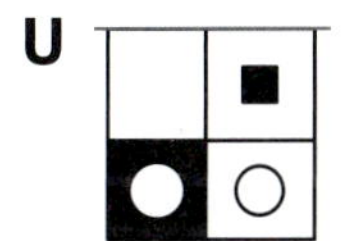

(F) 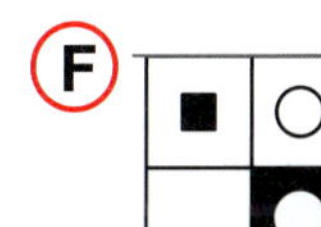

b) 

(S) 

T 

O 

Kontrolle: Die Buchstaben bei den falschen Bildern ergeben der Reihe nach das Lösungswort: A U T O

Wahrnehmen und Vergleichen

Optische Täuschungen

Richtig (r) oder falsch (f)?
Schätze zuerst und miss dann genau mit Geodreieck oder Zirkel.

a) Die rechte Strecke ist länger als die linke. ◯

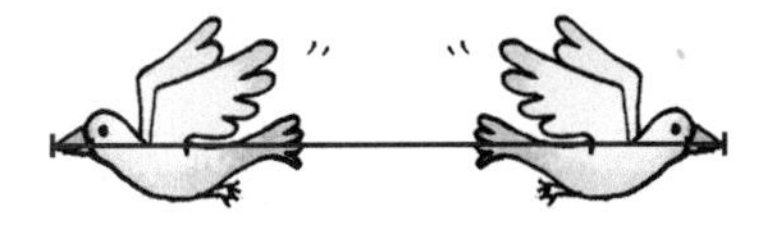

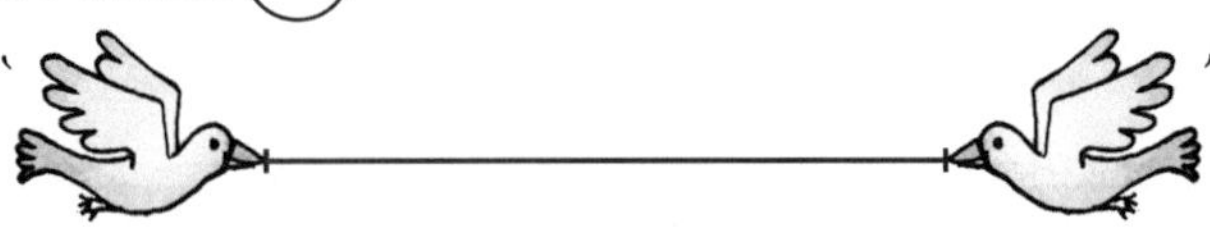

b) Beide Strecken sind gleich lang. ◯

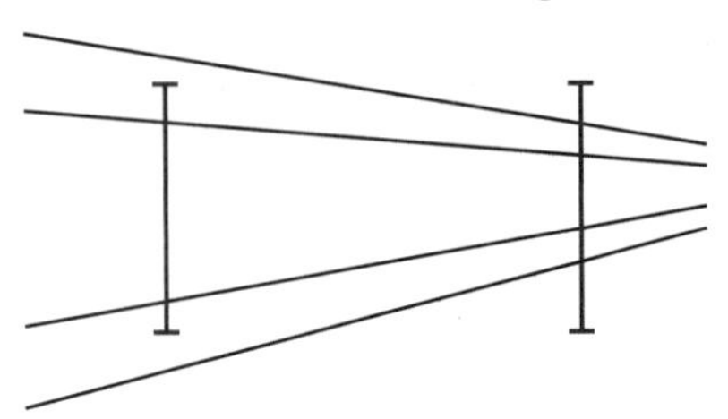

c) Die Kreise sind gleich groß. ◯

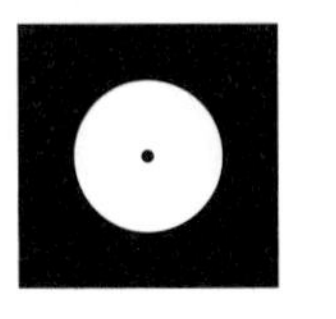

Lege das Geodreieck jeweils am Mittelpunkt an.

d) Der obere Bogen ist länger als der untere. ◯

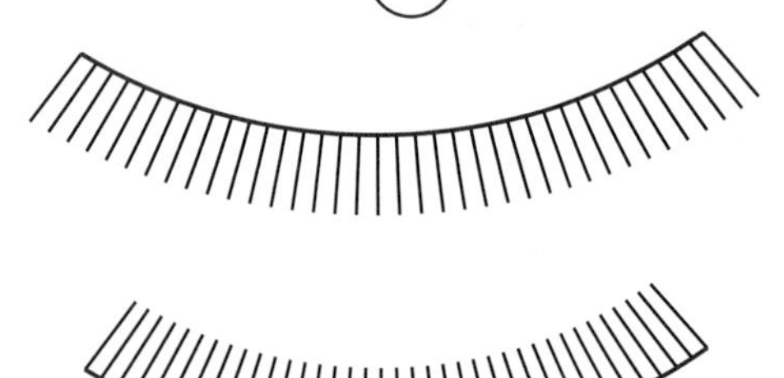

Miss jeweils die Strecke vom einen zum anderen Ende des Bogens.

e) Alle Seiten des Vierecks sind gerade. ◯

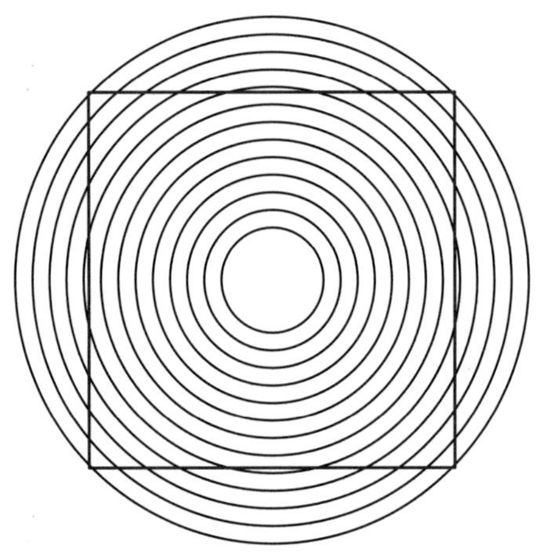

f) Die linke Figur ist kleiner als die anderen. ◯

Miss vom Kopf bis zum Fuß.

g) Die langen Geraden sind parallel zueinander. ◯

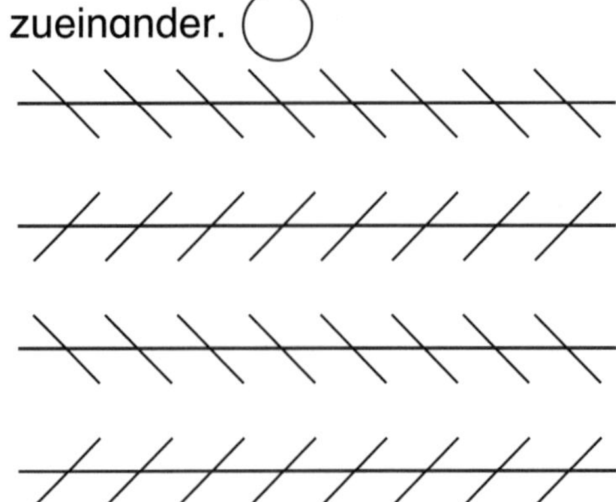

Kontrolle: 4 ◯, 3 ◯

Wahrnehmen und Vergleichen – Lösungen

Optische Täuschungen

Richtig (r) oder falsch (f)?
Schätze zuerst und miss dann genau mit Geodreieck oder Zirkel.

a) Die rechte Strecke ist länger als die linke. (f)

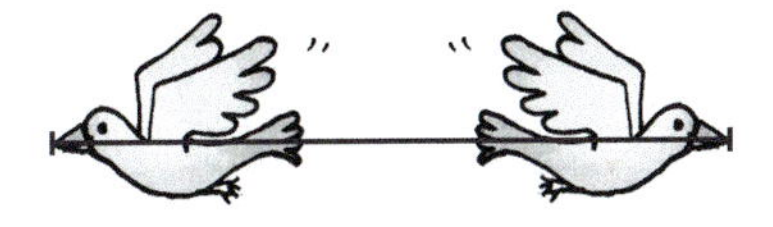

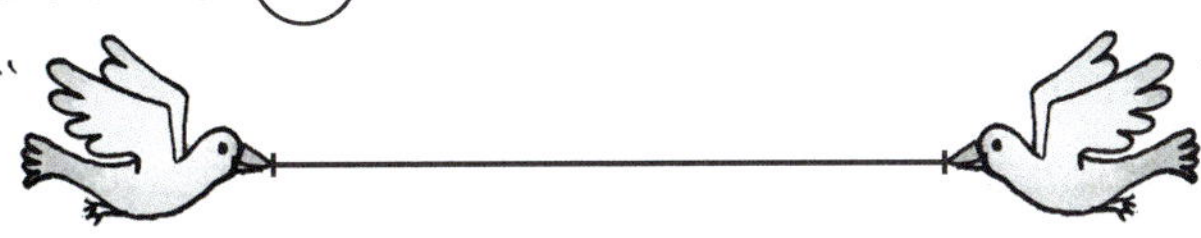

b) Beide Strecken sind gleich lang. (r)

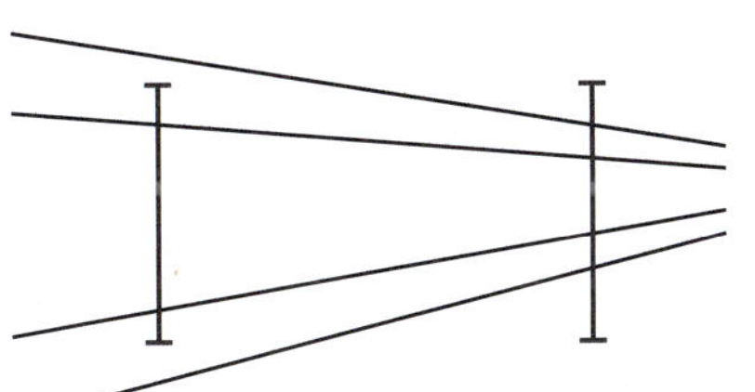

c) Die Kreise sind gleich groß. (r)

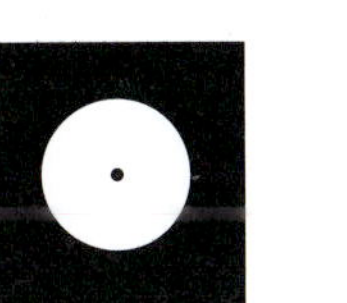

Lege das Geodreieck jeweils am Mittelpunkt an.

d) Der obere Bogen ist länger als der untere. (f)

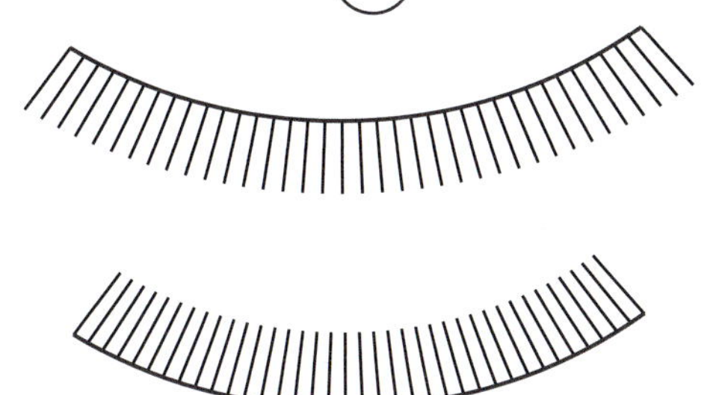

Miss jeweils die Strecke vom einen zum anderen Ende des Bogens.

e) Alle Seiten des Vierecks sind gerade. (r)

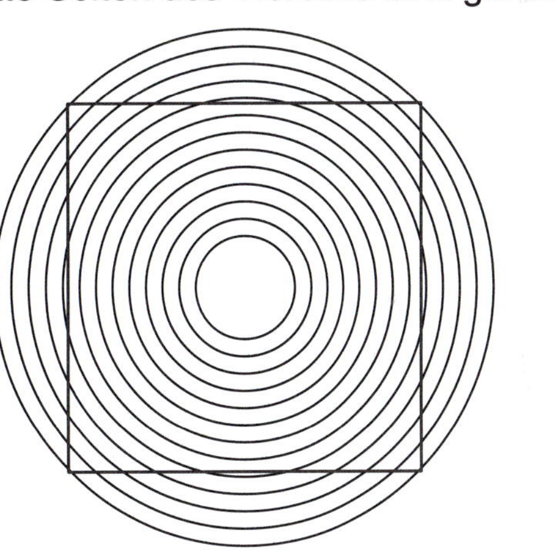

f) Die linke Figur ist kleiner als die anderen. (f)

Miss vom Kopf bis zum Fuß.

g) Die langen Geraden sind parallel zueinander. (r)

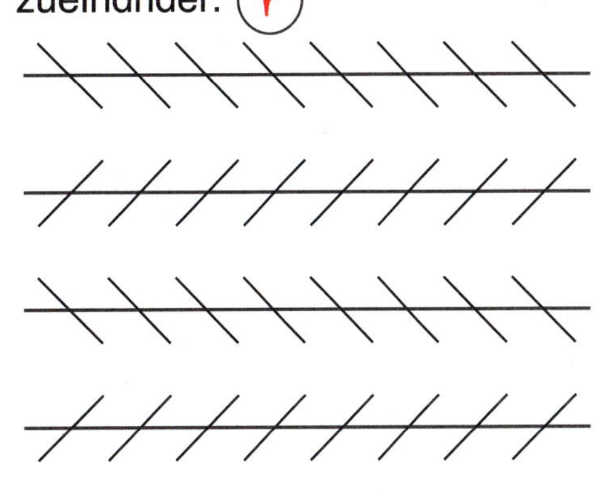

Kontrolle: 4 , 3 

Wege

Labyrinthe

1 Wie kommt Emma zu Paul?
Zeichne den richtigen Weg auf den grauen Linien ein.

Die Buchstaben entlang des Weges ergeben
das Lösungswort: W _ _ _ _ _ _ _ _

2 Zeichne den Weg ein und streiche verbrauchte Pfeile durch.

a) ~~↑~~ ~~↑~~ ↑ ↗ ↑ ↑ → ↓ ↗ ↘ ↘ ↘ ↓
↓ ↓ ← ← ← ↑ ↑ ← ↓ ↓ ← ←

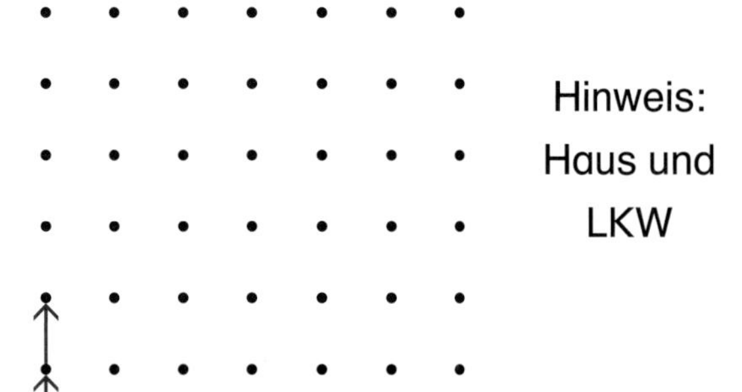

Hinweis:
Haus und
LKW

b) ~~←~~ ~~↑~~ ↑ → ↑ ↗ → ↓ ↓ ↓ → ↑ ↑
→ → → → ↓ ↓ ↓ ← ← ← ↗ ↘ ↙
↖ ← ← ↖ ↙ ↘ ↗

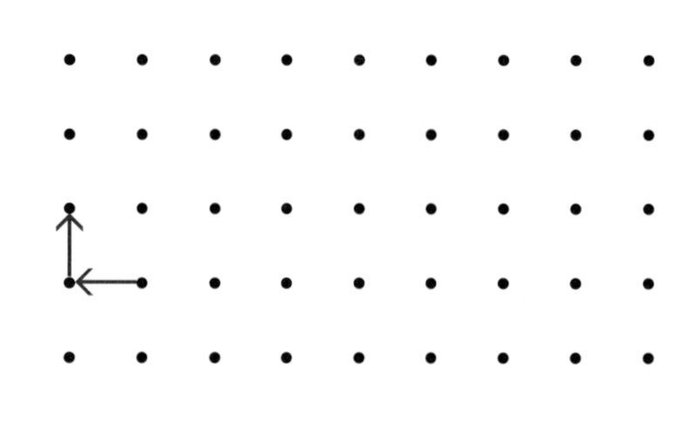

Wege – Lösungen

Labyrinthe

1 Wie kommt Emma zu Paul?
Zeichne den richtigen Weg auf den grauen Linien ein.

Die Buchstaben entlang des Weges ergeben
das Lösungswort: W A N D E R W E G

2 Zeichne den Weg ein und streiche verbrauchte Pfeile durch.

a) 

b) 

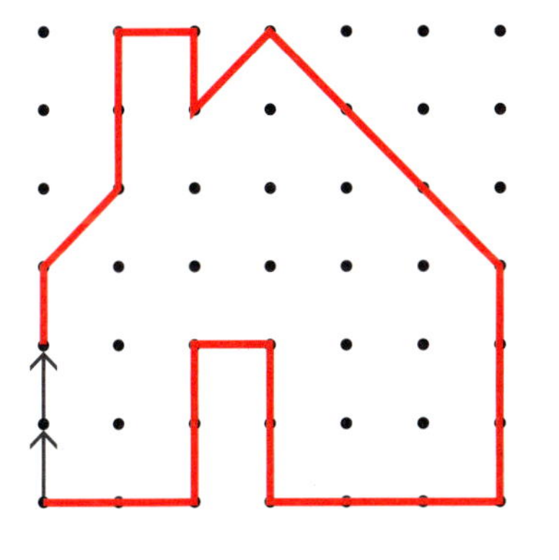

Hinweis:
Haus und
LKW

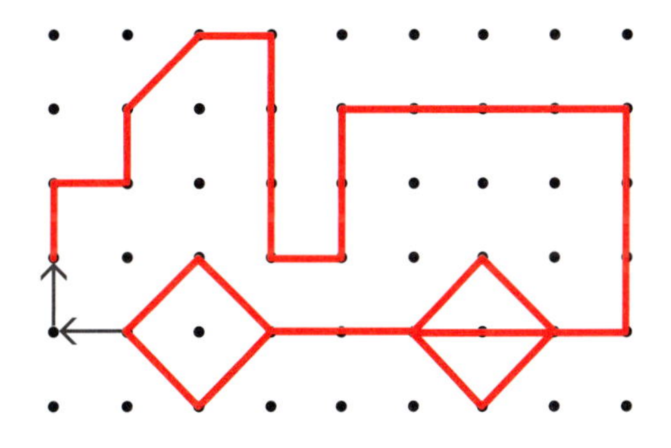

Wege

Wegesuche

1 Verfolge die Fäden weiter. Versuche es zunächst nur mit den Augen.
Zeichne zur Kontrolle dann die Wege mit verschiedenen Farben nach.
So findest du die richtige Reihenfolge der Buchstaben des Lösungswortes.

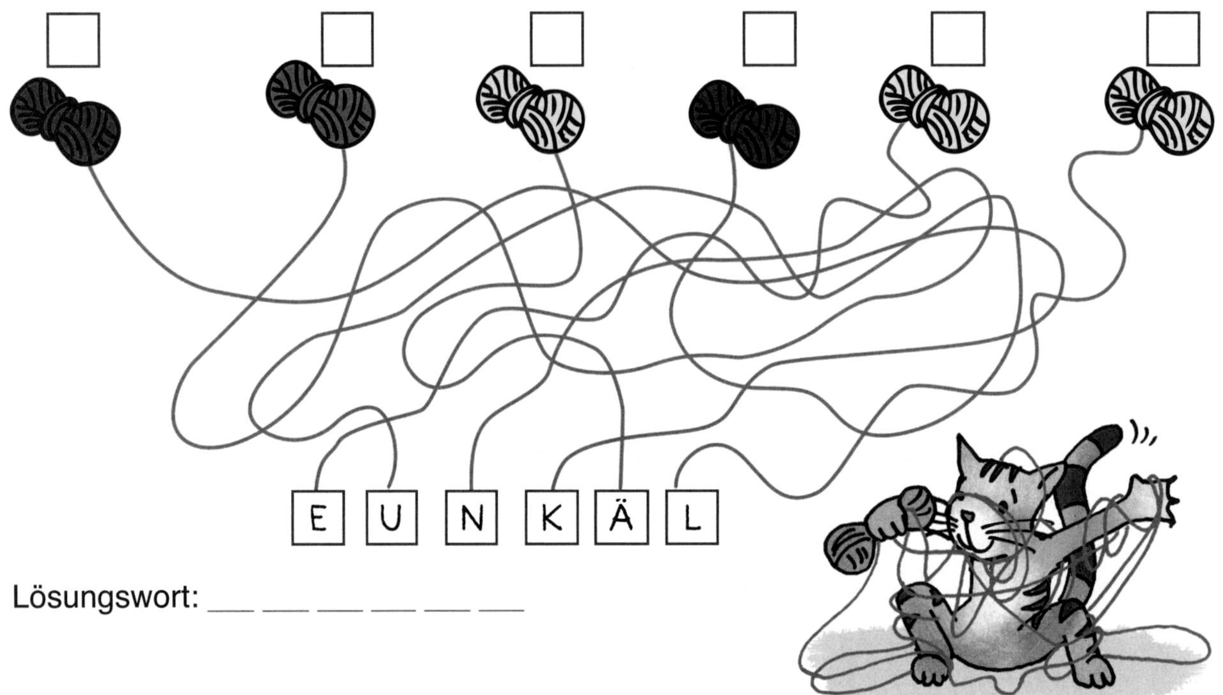

Lösungswort: ___ ___ ___ ___ ___ ___

2 Paul sucht einen Weg durch Emmas Garten.
Er darf kein Feld auslassen und jedes Feld nur einmal betreten.
Zeichne einen Weg für Paul ein, der am Eingang beginnt und am Ausgang endet.

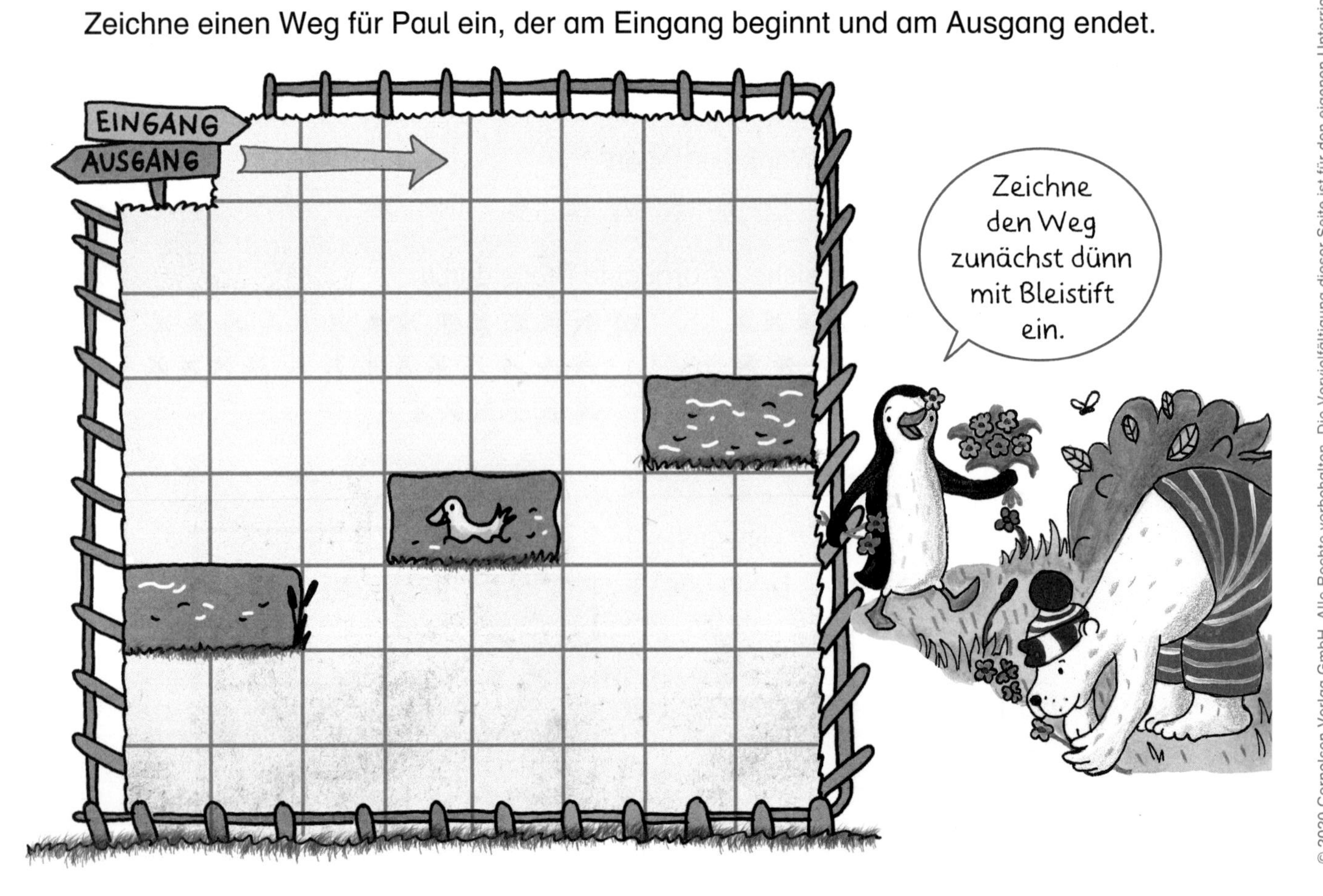

Wege – Lösungen

Wegesuche

1 Verfolge die Fäden weiter. Versuche es zunächst nur mit den Augen.
Zeichne zur Kontrolle dann die Wege mit verschiedenen Farben nach.
So findest du die richtige Reihenfolge der Buchstaben des Lösungswortes.

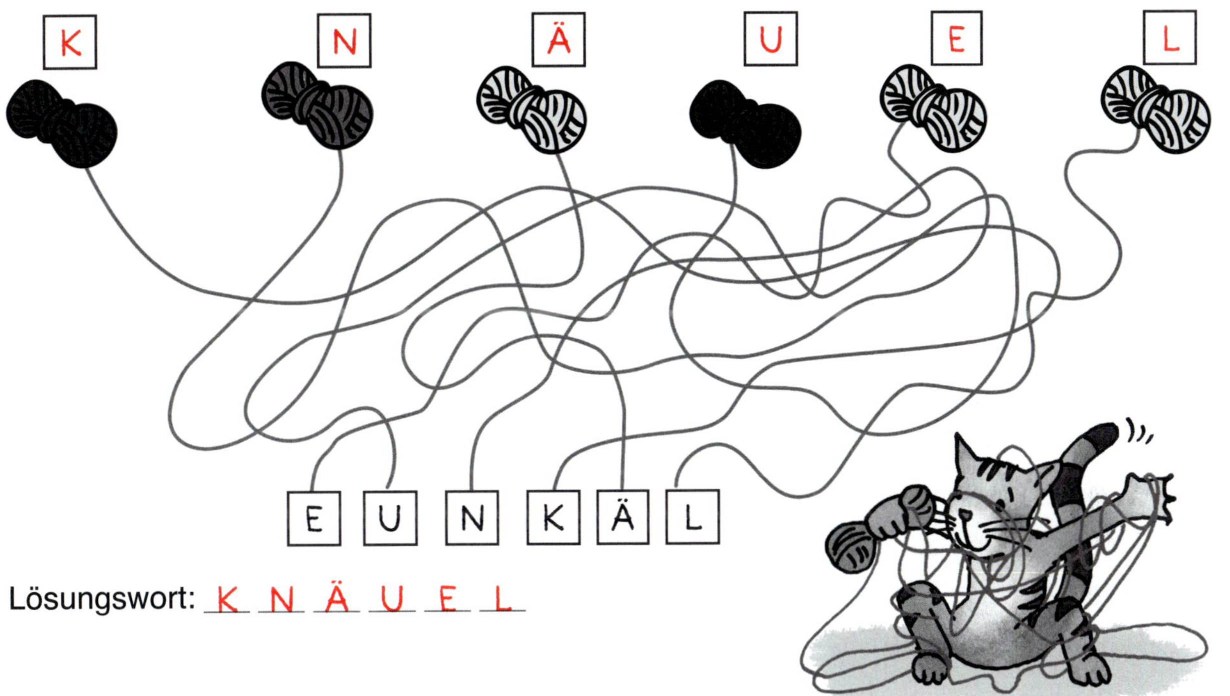

Lösungswort: K N Ä U E L

2 Paul sucht einen Weg durch Emmas Garten.
Er darf kein Feld auslassen und jedes Feld nur einmal betreten.
Zeichne einen Weg für Paul ein, der am Eingang beginnt und am Ausgang endet.

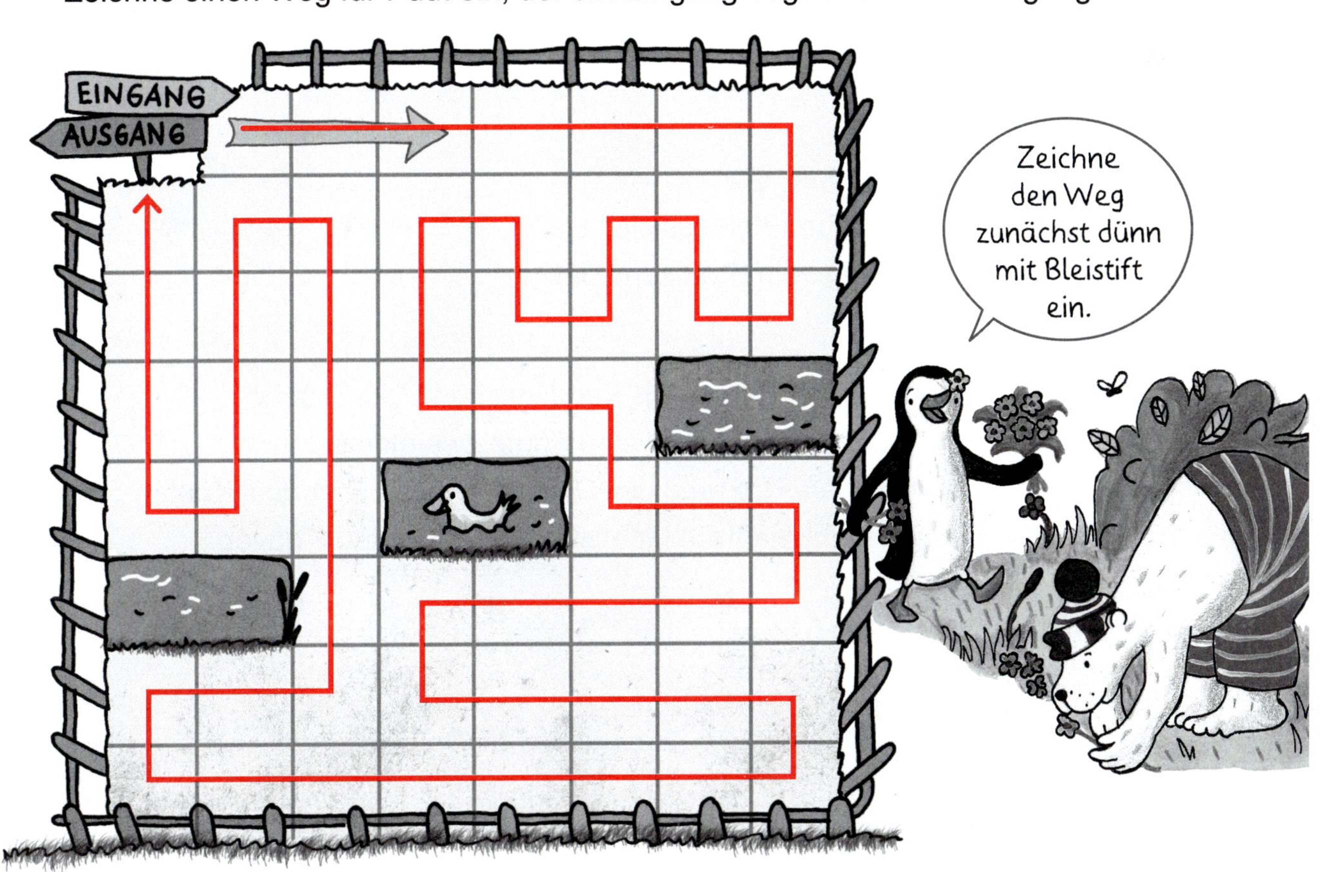

Wege

Wege auf dem Quader

1 Im Kleintierzoo von Quaderburg gibt es dieses Quader-Turngerät aus Latten. Jedes Tier hat darin seinen Lieblingsweg zu seinem Lieblingsplatz.

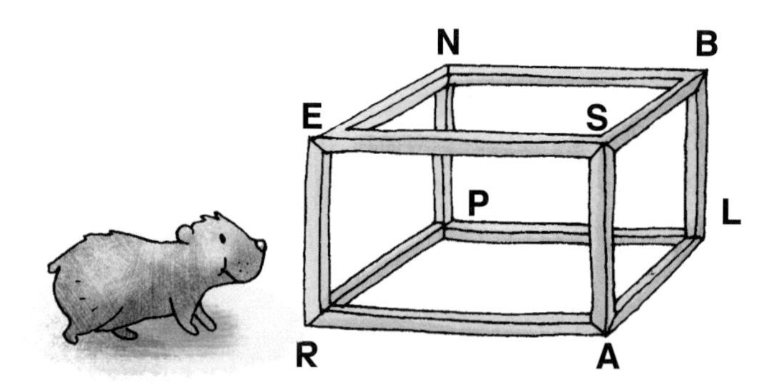

a) Hamster Hans startet immer bei Ecke R, er läuft erst nach oben ↑, dann nach hinten ↗ und wieder nach unten ↓. Jetzt sitzt er auf seinem Lieblingsplatz. Es ist die Ecke ___.

b) Maus Mimi hat Angst vor Katze Kati. Auf welche Ecke muss Mimi sich setzen, um möglichst weit von Katis Platz (Ecke B) entfernt zu sein?
Sie muss sich auf Ecke ___ setzen.

c) Über wie viele Kanten muss Kati dann wenigstens laufen, um Mimi zu fangen?
Kati muss über ___ Kanten laufen.

2 **a)** Ratte Ratz startet auch bei Ecke R, geht aber →, dann ↑, dann ← und zum Schluss ↗. Über welche Ecken führt ihr Weg und wo endet er?

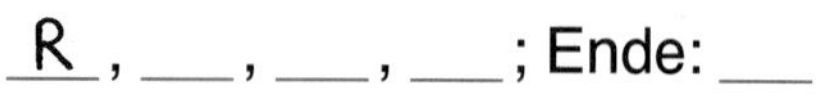
R, ___, ___, ___; Ende: ___

b) Katze Kati läuft immer ↓, dann ↙, dann ↑, dann ← und ↗. Zum Schluss sitzt sie auf Ecke N. Wie ist ihr Weg vom Start zum Ziel?

___, ___, ___, ___, ___, N

3 Eichhörnchen Erna läuft gern und will einen Rundweg von Ecke S über möglichst viele Kanten machen, ohne über eine Kante zweimal zu laufen. Zeichne einen möglichst langen Rundweg ein. Dein Weg muss über acht Kanten führen. Probiere es aus. Es gibt mehrere Möglichkeiten. Hier sind 3 davon.

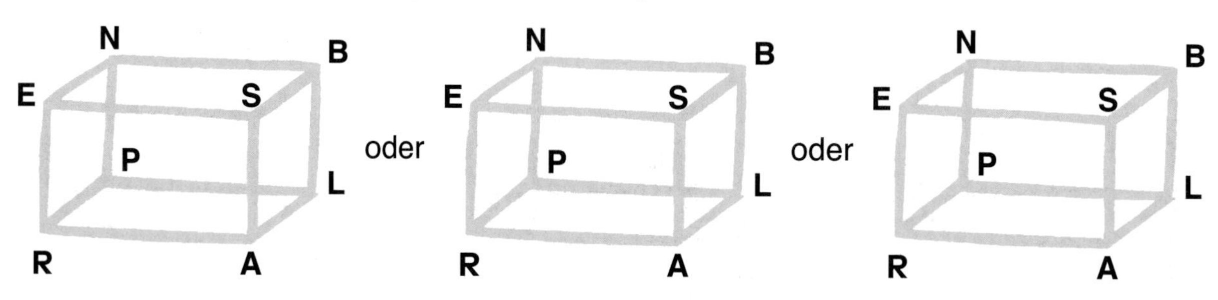

Wege – Lösungen

Wege auf dem Quader

1 Im Kleintierzoo von Quaderburg gibt es dieses Quader-Turngerät aus Latten. Jedes Tier hat darin seinen Lieblingsweg zu seinem Lieblingsplatz.

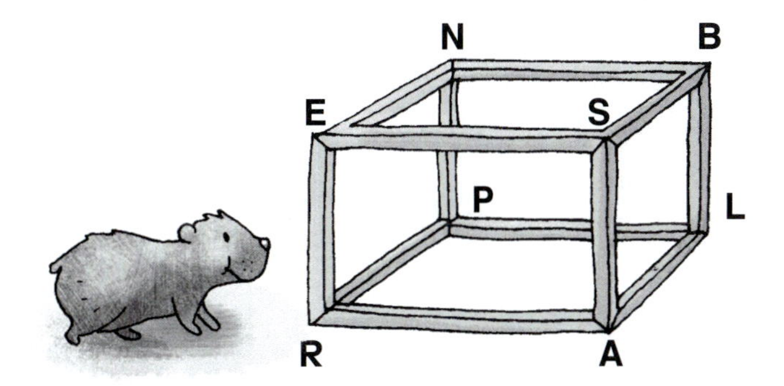

a) Hamster Hans startet immer bei Ecke R, er läuft erst nach oben ↑, dann nach hinten ↗ und wieder nach unten ↓. Jetzt sitzt er auf seinem Lieblingsplatz. Es ist die Ecke <u>P</u>.

b) Maus Mimi hat Angst vor Katze Kati. Auf welche Ecke muss Mimi sich setzen, um möglichst weit von Katis Platz (Ecke B) entfernt zu sein?
Sie muss sich auf Ecke <u>R</u> setzen.

c) Über wie viele Kanten muss Kati dann wenigstens laufen, um Mimi zu fangen?
Kati muss über <u>3</u> Kanten laufen.

2 **a)** Ratte Ratz startet auch bei Ecke R, geht aber →, dann ↑, dann ← und zum Schluss ↗.
Über welche Ecken führt ihr Weg und wo endet er?
<u>R</u>, <u>A</u>, <u>S</u>, <u>E</u>; Ende: <u>N</u>

b) Katze Kati läuft immer ↓, dann ↙, dann ↑, dann ← und ↗. Zum Schluss sitzt sie auf Ecke N. Wie ist ihr Weg vom Start zum Ziel?
<u>B</u>, <u>L</u>, <u>A</u>, <u>S</u>, <u>E</u>, <u>N</u>

3 Eichhörnchen Erna läuft gern und will einen Rundweg von Ecke S über möglichst viele Kanten machen, ohne über eine Kante zweimal zu laufen.
Zeichne einen möglichst langen Rundweg ein. Dein Weg muss über acht Kanten führen. Probiere es aus. Es gibt mehrere Möglichkeiten. Hier sind 3 davon.

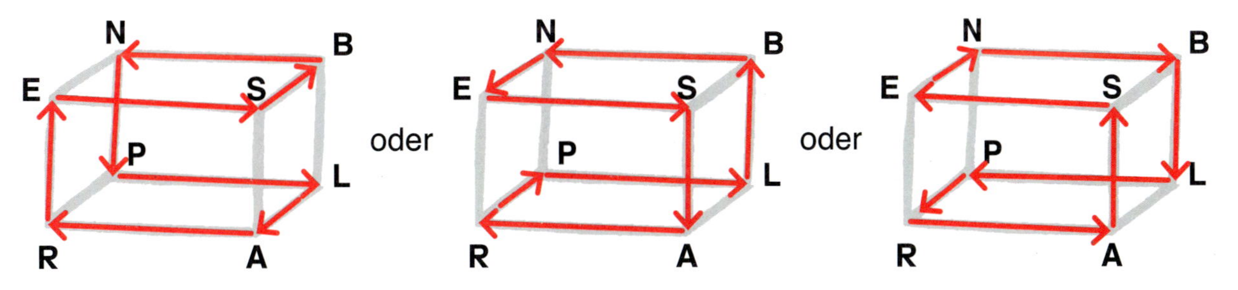

Folgen fortsetzen

Bildfolgen

1 Setze die Folge fort. Färbe die Figuren (Bleistift).

a) 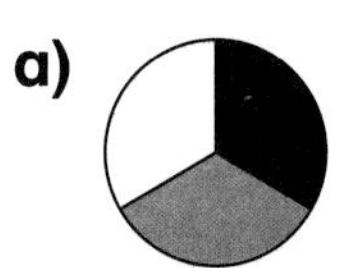 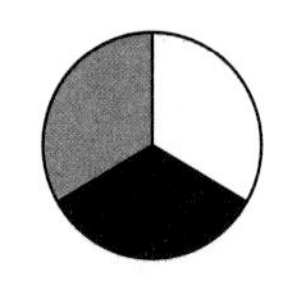 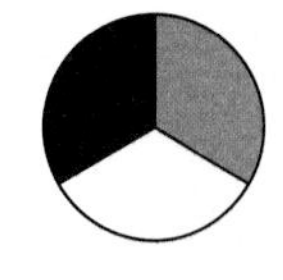 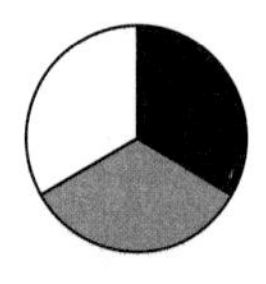 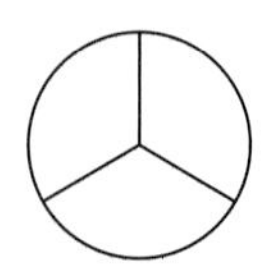 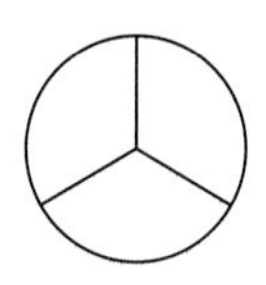

b) 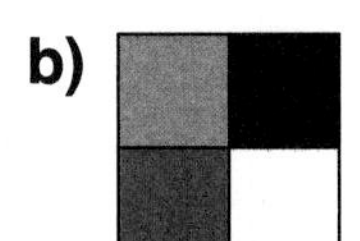 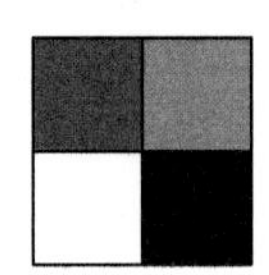 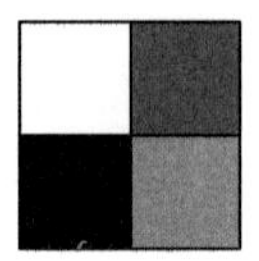 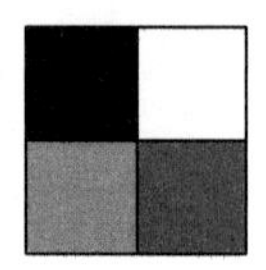 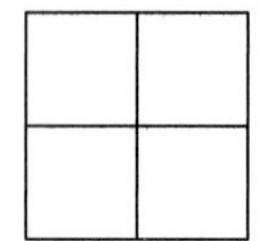 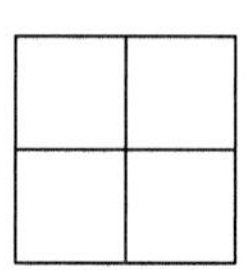

2 Setze fort. Ergänze zuerst die fehlenden Linien.

a) 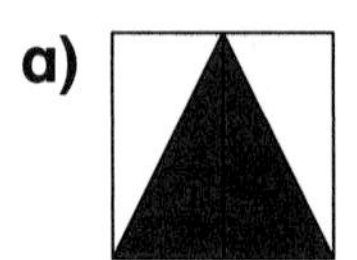 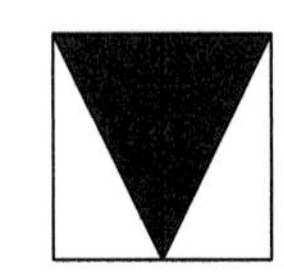 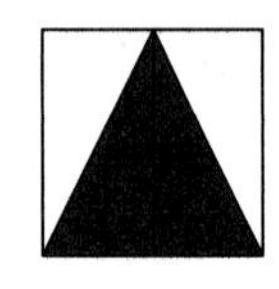 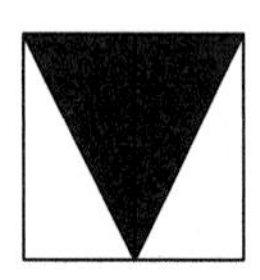 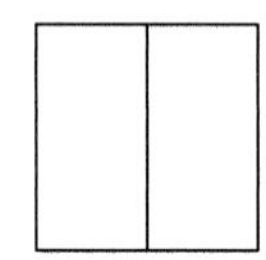 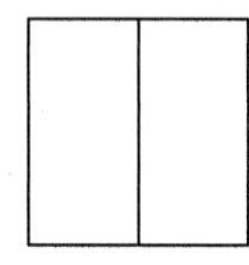

b) 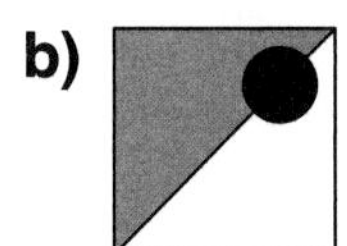 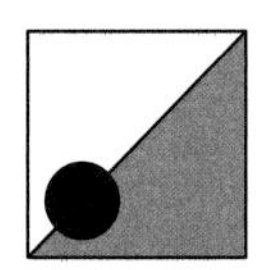 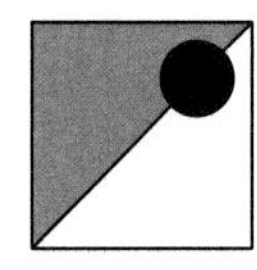 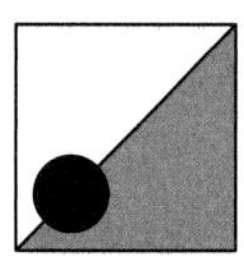 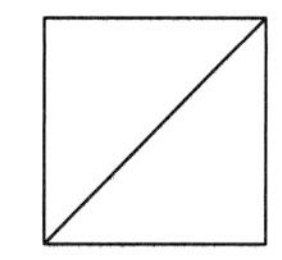 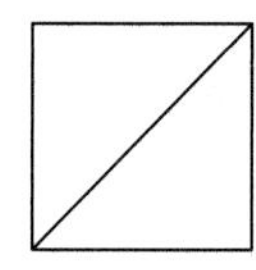

3 Zeichne weiter und färbe die Figuren (Bleistift).

a)

b)

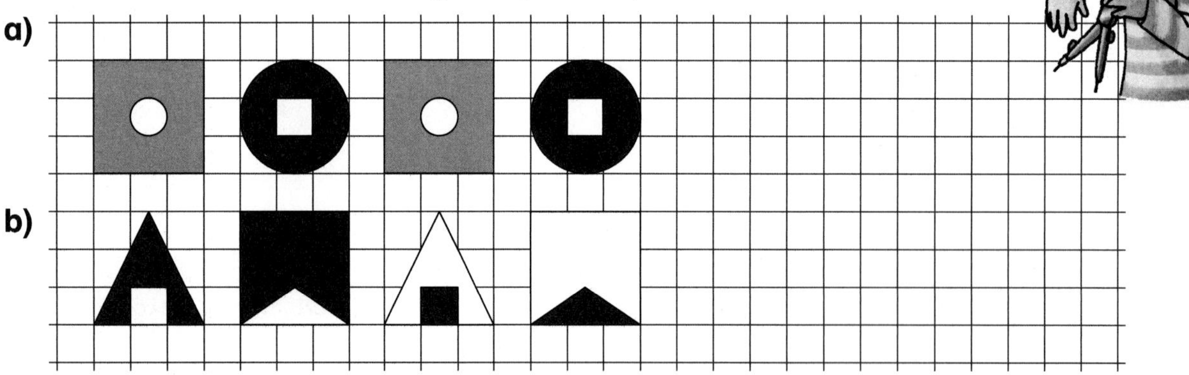

4 Male die Muster weiter aus.

a) 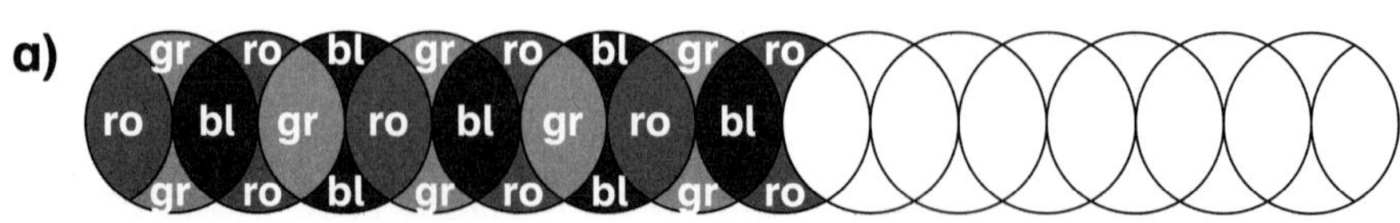

b) 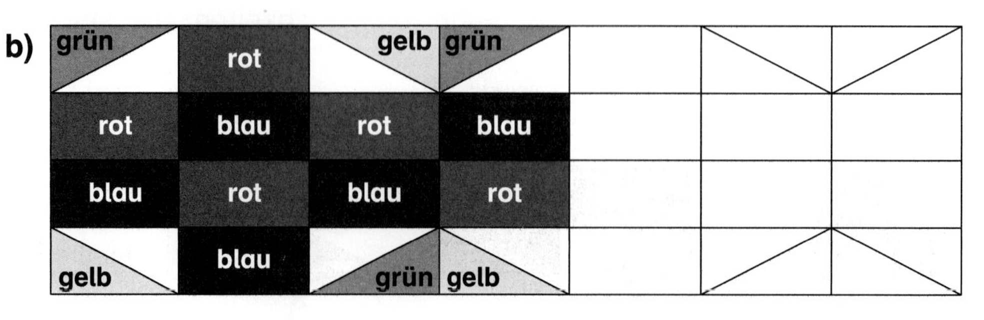

Folgen fortsetzen – Lösungen

Bildfolgen

1 Setze die Folge fort. Färbe die Figuren (Bleistift).

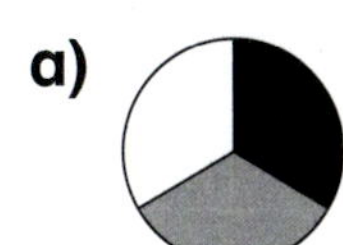

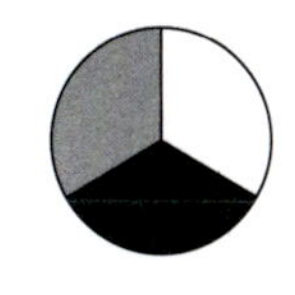
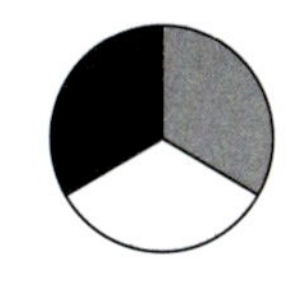
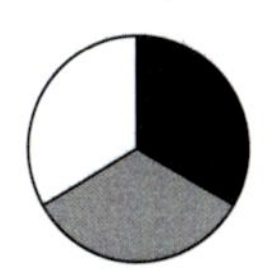

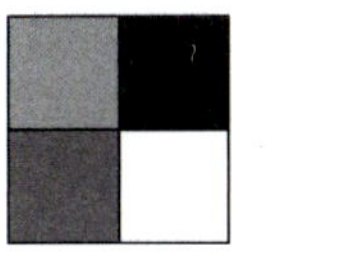

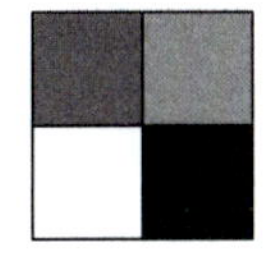
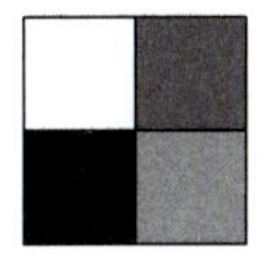
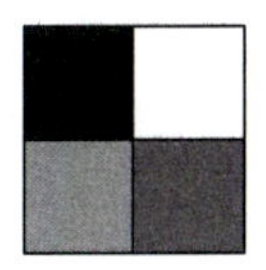
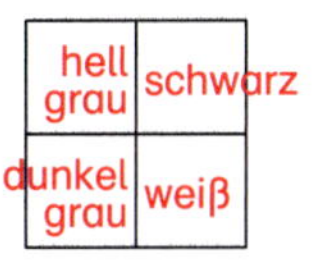

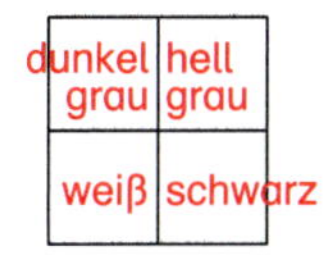

2 Setze fort. Ergänze zuerst die fehlenden Linien.

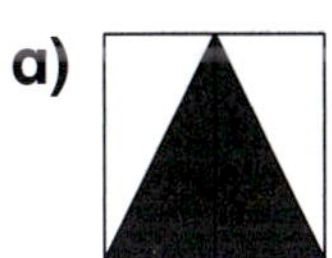

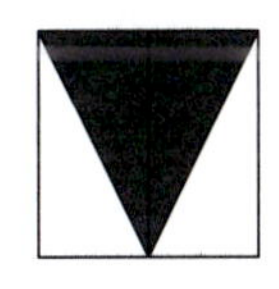
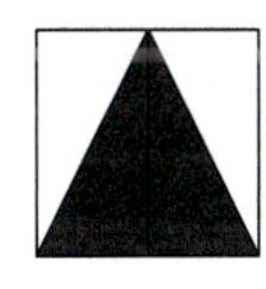
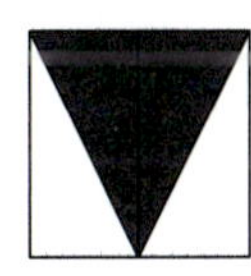
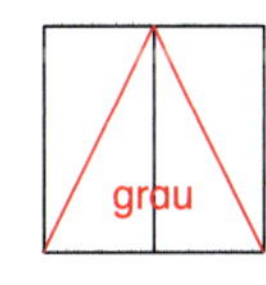

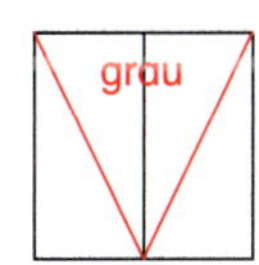

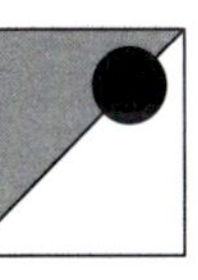

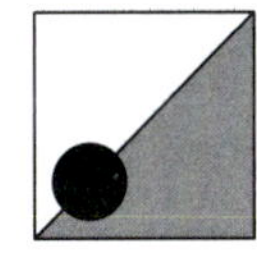
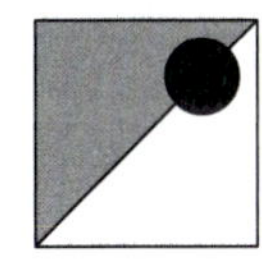
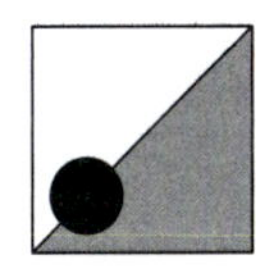
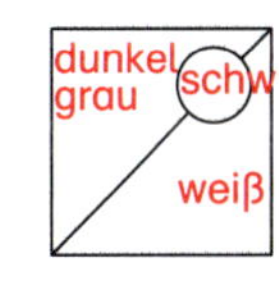

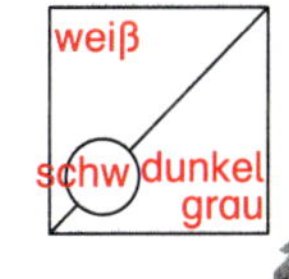

3 Zeichne weiter und färbe die Figuren (Bleistift).

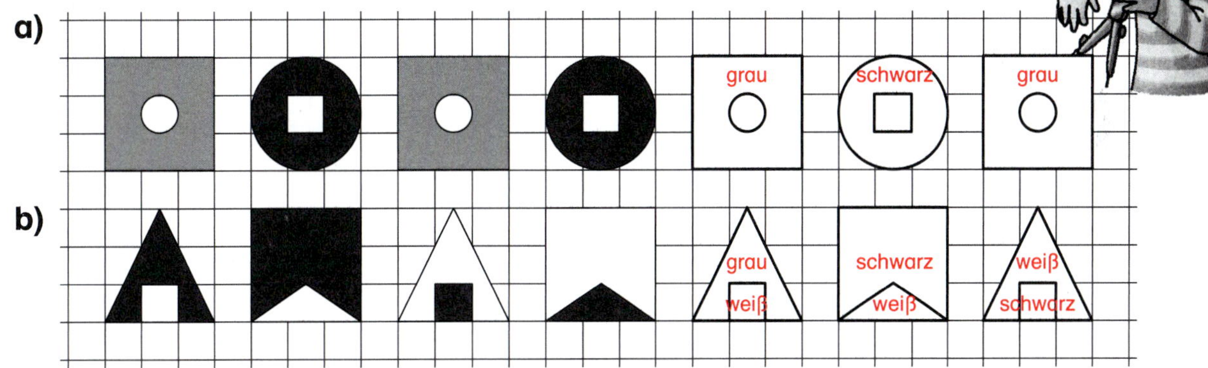

4 Male die Muster weiter aus.

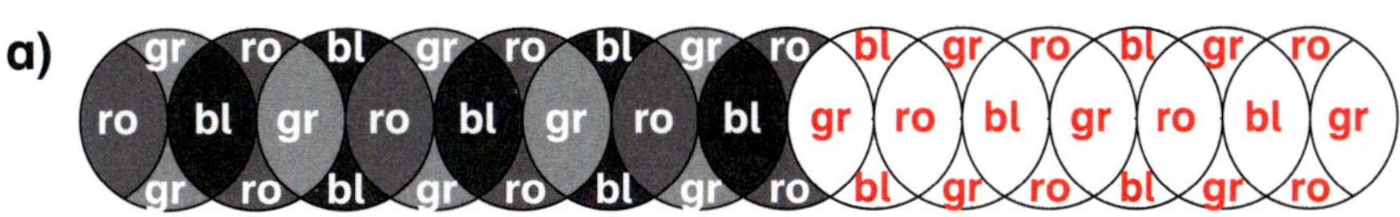

b)

grün	rot	gelb	grün	rot	gelb	grün
rot	blau	rot	blau	rot	blau	rot
blau	rot	blau	rot	blau	rot	blau
gelb	blau	grün	gelb	blau	grün	gelb

Kombinieren

Sudoku

1 Mini-Sudoku

In jedem 9er-Feld und jeder Zeile dürfen die Zahlen von 1 bis 9 jeweils nur einmal vorkommen. Trage die fehlenden Zahlen ein.

a)

3	2	9	8	4	1	7	5	
	1	6	7	3	5	9		2
8	7	5		9	6	1		4

b)

5	1	6	9	4	7		8	3
	2	9	8	6		7	1	
3	8	7	2	5		6	4	9

Kontrolle: Die gefundenen Zahlen sind die Postleitzahlen der Städte
Kleestadt: __ __ __ __ __ und Damp: __ __ __ __ __

Tipp: Prüfe die Postleitzahlen im Internet.

2 Trage die fehlenden Zahlen ein.

Sudoku-Regeln:
In jeder Zeile, jeder Spalte und jedem 9er-Feld dürfen die Zahlen von 1 bis 9 nur einmal vorkommen.

2	7	4	5	9	6	8		
6	8	5	4		3	7	9	2
1		9	○	8	2	5		6
5	9	2	8	3	7	○	6	
○		8		4	1	9		5
4	1	7		6	5	3	2	8
7	5		6	2	9		8	3
9	4		3		8	2	1	7
○	2	3	1	7	○	6	5	9

Kontrolle: Die Zahlen in den Kreisen ergibt die Postleitzahl von Weinstadt:

__ __ __ __ __

3 Trage A, B, C, D so ein, dass jeder Buchstabe in jeder Zeile und jeder Spalte genau einmal vorkommt.

A	B	C	
			C
			B

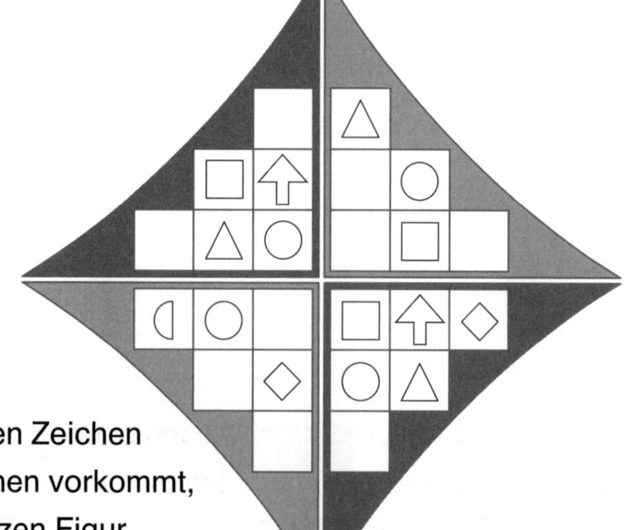

4 Zeichne in die freien Felder die fehlenden Zeichen so ein, dass in jedem Viertel jedes Zeichen vorkommt, aber in keiner Zeile oder Spalte der ganzen Figur mehr als einmal.

Kombinieren – Lösungen

Sudoku

1 Mini-Sudoku

In jedem 9er-Feld und jeder Zeile dürfen die Zahlen von 1 bis 9 jeweils nur einmal vorkommen. Trage die fehlenden Zahlen ein.

a)

3	2	9	8	4	1	7	5	6
4	1	6	7	3	5	9	8	2
8	7	5	2	9	6	1	3	4

b)

5	1	6	9	4	7	2	8	3
4	2	9	8	6	3	7	1	5
3	8	7	2	5	1	6	4	9

Kontrolle: Die gefundenen Zahlen sind die Postleitzahlen der Städte

Kleestadt: 6 4 8 2 3 und Damp: 2 4 3 5 1

Tipp: Prüfe die Postleitzahlen im Internet.

2 Trage die fehlenden Zahlen ein.

Sudoku-Regeln:
In jeder Zeile, jeder Spalte
und jedem 9er-Feld dürfen
die Zahlen von 1 bis 9 nur
einmal vorkommen.

2	7	4	5	9	6	8	3	1
6	8	5	4	1	3	7	9	2
1	3	9	7	8	2	5	4	6
5	9	2	8	3	7	1	6	4
3	6	8	2	4	1	9	7	5
4	1	7	9	6	5	3	2	8
7	5	1	6	2	9	4	8	3
9	4	6	3	5	8	2	1	7
8	2	3	1	7	4	6	5	9

Kontrolle: Die Zahlen in den Kreisen ergibt die Postleitzahl von Weinstadt:

7 1 3 8 4

3 Trage A, B, C, D so ein, dass jeder Buchstabe in jeder Zeile und jeder Spalte genau einmal vorkommt.

A	B	C	D
D	A	B	C
C	D	A	B
B	C	D	A

4 Zeichne in die freien Felder die fehlenden Zeichen so ein, dass in jedem Viertel jedes Zeichen vorkommt, aber in keiner Zeile oder Spalte der ganzen Figur mehr als einmal.

978-3-589-16642-8 Autoren: Jörg Krampe und Rolf Mittelmann • Das Knobelheft für die Klassen 3 und 4 • Illustrationen: Antje Keidies (Pinguin); Theresia Koppers (Äste)

Kombinieren

Sachaufgaben

Acht der folgenden Behauptungen können nicht stimmen.
Welche sind es? Streiche sie durch.

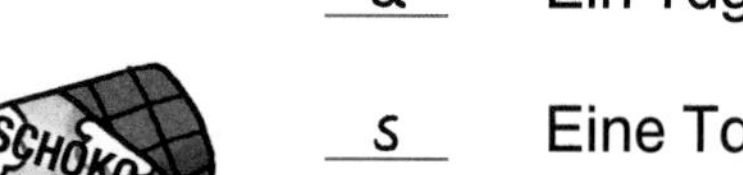

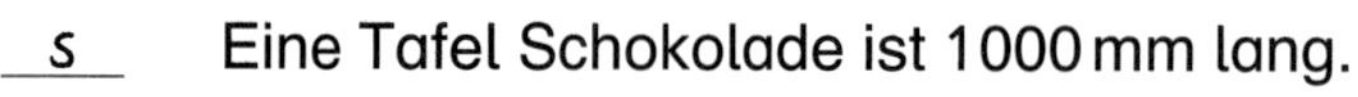

a Ein Tag hat 1000 Minuten.

s Eine Tafel Schokolade ist 1000 mm lang.

t Meine Uroma ist älter als 1000 Monate.

a Von der Erde bis zur Sonne sind es mehr als 1000 km.

e Ich bin in 1 Minute 1000 m weit geschwommen.

u 1000 ct sind genauso viel wie 10 €.

g Meine Eltern wiegen zusammen 1000 kg.

s Ich kann 1000 Stecknadeln tragen.

e Eine Packung Zucker kann 1000 g wiegen.

d Jeden Monat bekomme ich 1000 € Taschengeld.

u In einer Stunde schlägt mein Herz 1000-mal.

n Der Kölner Dom ist höher als 1000 mm.

a Mutter ist gestern mit dem Auto 1000 km in einer Stunde gefahren.

d Mit dem Alphabet kann man mehr als 1000 Wörter schreiben.

n Ich kann 1000 Sekunden lang die Luft anhalten.

Nur die Buchstaben vor den richtigen Behauptungen (nicht durchgestrichen) ergeben das Lösungswort: ___ ___ ___ ___ ___ ___ ___

Kombinieren – Lösungen

Sachaufgaben

Acht der folgenden Behauptungen können nicht stimmen.
Welche sind es? Streiche sie durch.

~~a Ein Tag hat 1000 Minuten.~~

~~s Eine Tafel Schokolade ist 1000 mm lang.~~

t Meine Uroma ist älter als 1000 Monate.

a Von der Erde bis zur Sonne sind es mehr als 1000 km.

~~e Ich bin in 1 Minute 1000 m weit geschwommen.~~

u 1000 ct sind genauso viel wie 10 €.

~~g Meine Eltern wiegen zusammen 1000 kg.~~

s Ich kann 1000 Stecknadeln tragen.

e Eine Packung Zucker kann 1000 g wiegen.

~~d Jeden Monat bekomme ich 1000 € Taschengeld.~~

~~u In einer Stunde schlägt mein Herz 1000-mal.~~

n Der Kölner Dom ist höher als 1000 mm.

~~a Mutter ist gestern mit dem Auto 1000 km in einer Stunde gefahren.~~

d Mit dem Alphabet kann man mehr als 1000 Wörter schreiben.

~~n Ich kann 1000 Sekunden lang die Luft anhalten.~~

Nur die Buchstaben vor den richtigen Behauptungen (nicht durchgestrichen) ergeben das Lösungswort: t a u s e n d

Kombinieren

Sachaufgaben

1 Paul ist Schuh-Fan. Er besitzt 18 verschiedene Paar Schuhe. Er bewahrt aber alle Schuhe einzeln und durcheinander in einer großen Kiste auf. Wie oft muss Paul in diese Kiste greifen und immer einen Schuh herausholen, bis er mit Sicherheit **ein** passendes Paar hat?

A: Paul muss ___-mal in die Kiste greifen, um sicher ein passendes Paar zu finden.

2 Emmas neues Hobby ist das Zaubern. In ihrem Zylinder liegen 6 rote, 9 weiße und 12 schwarze Kugeln. Emma zieht mit geschlossenen Augen eine Kugel nach der anderen. Wie oft muss Emma in den Zylinder greifen, um mit Sicherheit **eine Kugel jeder Farbe** herausgezogen zu haben?

A: Emma muss ___-mal hineingreifen, um mit Sicherheit eine Kugel von jeder Farbe zu haben.

3 Emma und Paul haben in ihrem Garten 5 riesige Kirschbäume. Dieses Jahr haben sie insgesamt 176 kg Kirschen geerntet. Sie wollen die Kirschen auf dem Markt verkaufen. Dazu packen sie alle Kirschen in Körbchen zu 1 kg und 3 kg, von beiden Größen gleich viele. Wie viele Körbchen mit Kirschen sind es **insgesamt?**

A: Sie packen insgesamt ___ Körbchen mit Kirschen.

4 Emma gerät in Seenot und wird von einem Expeditionsschiff gerettet. Der Proviant auf diesem Schiff reichte für 6 Tage. Jetzt, wo Emma ebensoviel Essen bekommt wie alle anderen, reicht er nur noch für 5 Tage. Wie viele Leute waren an Bord, **bevor** Emma dazukam?

A: Vor Emmas Rettung waren ___ Leute an Bord.

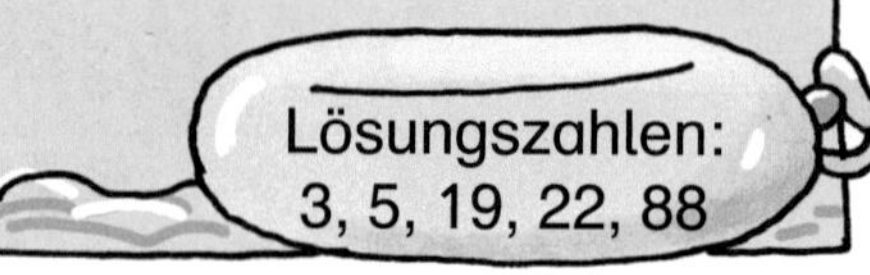

Hier kannst du rechnen:

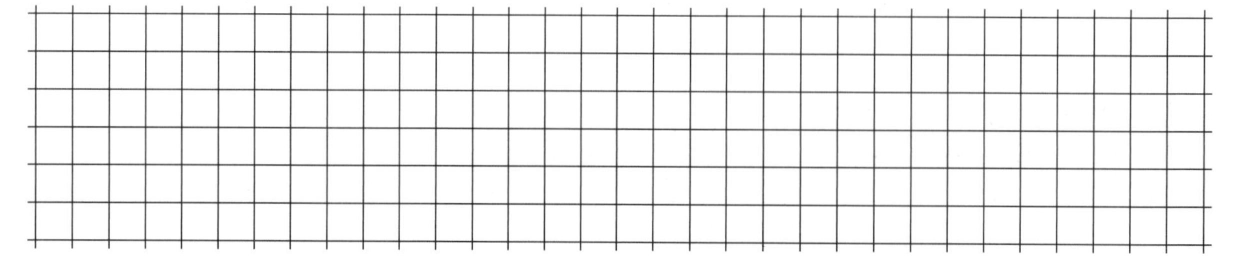

Kombinieren – Lösungen

Sachaufgaben

1 Paul ist Schuh-Fan. Er besitzt 18 verschiedene Paar Schuhe.
Er bewahrt aber alle Schuhe einzeln und durcheinander in einer großen Kiste auf.
Wie oft muss Paul in diese Kiste greifen und immer einen Schuh herausholen, bis er mit Sicherheit **ein** passendes Paar hat?

A: Paul muss 19-mal in die Kiste greifen,
um sicher ein passendes Paar zu finden.

2 Emmas neues Hobby ist das Zaubern. In ihrem Zylinder liegen 6 rote, 9 weiße und 12 schwarze Kugeln. Emma zieht mit geschlossenen Augen eine Kugel nach der anderen. Wie oft muss Emma in den Zylinder greifen, um mit Sicherheit **eine Kugel jeder Farbe** herausgezogen zu haben?

A: Emma muss 22-mal hineingreifen, um mit Sicherheit
eine Kugel von jeder Farbe zu haben.

3 Emma und Paul haben in ihrem Garten 5 riesige Kirschbäume.
Dieses Jahr haben sie insgesamt 176 kg Kirschen geerntet. Sie wollen die Kirschen auf dem Markt verkaufen. Dazu packen sie alle Kirschen in Körbchen zu 1 kg und 3 kg, von beiden Größen gleich viele.
Wie viele Körbchen mit Kirschen sind es **insgesamt?**

A: Sie packen insgesamt 88 Körbchen mit Kirschen.

4 Emma gerät in Seenot und wird von einem Expeditionsschiff gerettet.
Der Proviant auf diesem Schiff reichte für 6 Tage. Jetzt, wo Emma ebensoviel Essen bekommt wie alle anderen, reicht er nur noch für 5 Tage. Wie viele Leute waren an Bord, **bevor** Emma dazukam?

A: Vor Emmas Rettung waren 5 Leute an Bord.

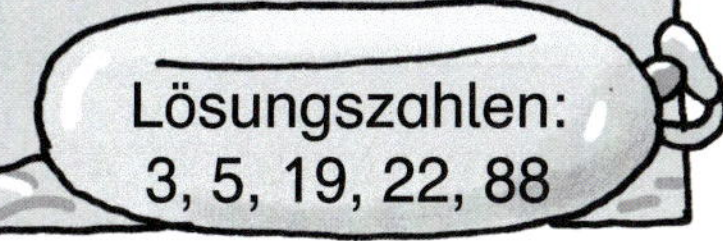

Hier kannst du rechnen:

Beispiel:
1. 1 + 18 = 19
2. 9 + 12 + 1 = 22
3. 176 : 4 = 44   44 · 2 = 88
4. Emma isst 5 Tagesportionen. Das hätte ohne Emma für 1 Tag gereicht.
Also waren bisher 5 Personen an Bord.

Kombinieren

Sachaufgaben

1 **a)** Prinzessin Karoline lebt auf Schloss Schwanstein, Prinz Karl auf Schloss Falkenstein. Die beiden Schlösser liegen 20 km voneinander entfernt.
Um 15 Uhr starten Karoline und Karl bei ihren Schlössern, um sich zu treffen.
Karoline fährt mit der Kutsche 2 km in 6 Minuten. Karl ist schneller, er legt mit dem Reitpferd 3 km in 6 Minuten zurück.
Wann und wo treffen sie sich? Ergänze die Skizze und markiere den Treffpunkt.

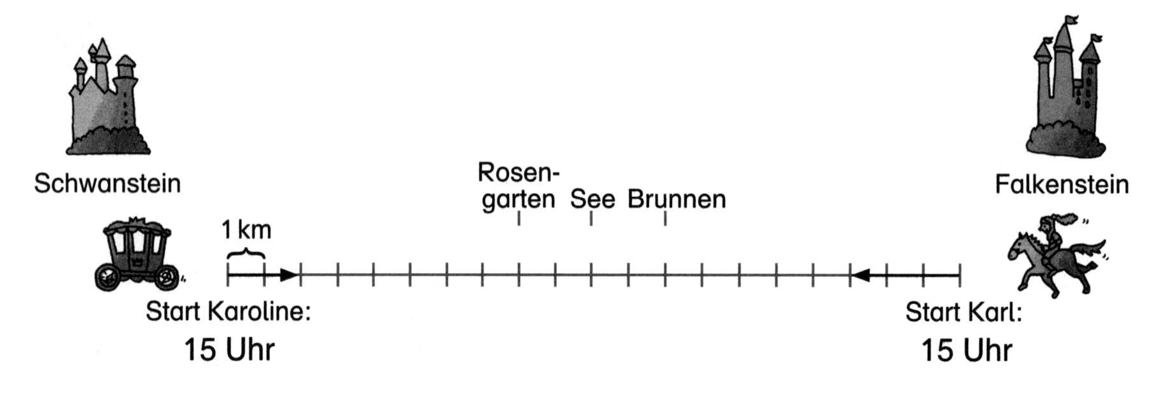

A: Karoline und Karl treffen sich um ______ Uhr am __________________ .

b) Nach 30 Minuten Beisammensein steigt Karoline zu Karl aufs Pferd.
Das Pferd ist jetzt langsamer und schafft nur 2 km in 8 Minuten.
Um 16.42 Uhr treffen sie auf einem Schloss ein.
Welches Schloss ist es?
A: Es ist das Schloss __________________ .

2 Am nächsten Tag ist Karl mit Franz von Hohenstein zum Turnier verabredet. Die Skizze zeigt dir alle weiteren Informationen, die du zur Lösung der Aufgabe brauchst.

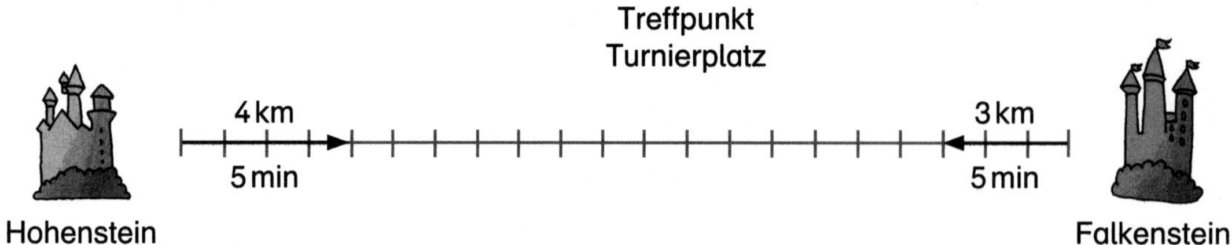

Franz startet: 11.40 Uhr

11.40 Uhr: Karl startet

A: Die Entfernung von Schloss Hohenstein nach Falkenstein beträgt: ____ km.
Karl braucht ___ min für ___ km. Franz braucht ___ min für ___ km.
Die beiden treffen sich um ______ Uhr.

Kontrolle: Der Treffpunkt ist 12 km von Hohenstein entfernt.
Markiere die richtige Stelle.

Kombinieren – Lösungen

Sachaufgaben

1 **a)** Prinzessin Karoline lebt auf Schloss Schwanstein, Prinz Karl auf Schloss Falkenstein. Die beiden Schlösser liegen 20 km voneinander entfernt.
Um 15 Uhr starten Karoline und Karl bei ihren Schlössern, um sich zu treffen.
Karoline fährt mit der Kutsche 2 km in 6 Minuten. Karl ist schneller, er legt mit dem Reitpferd 3 km in 6 Minuten zurück.
Wann und wo treffen sie sich? Ergänze die Skizze und markiere den Treffpunkt.

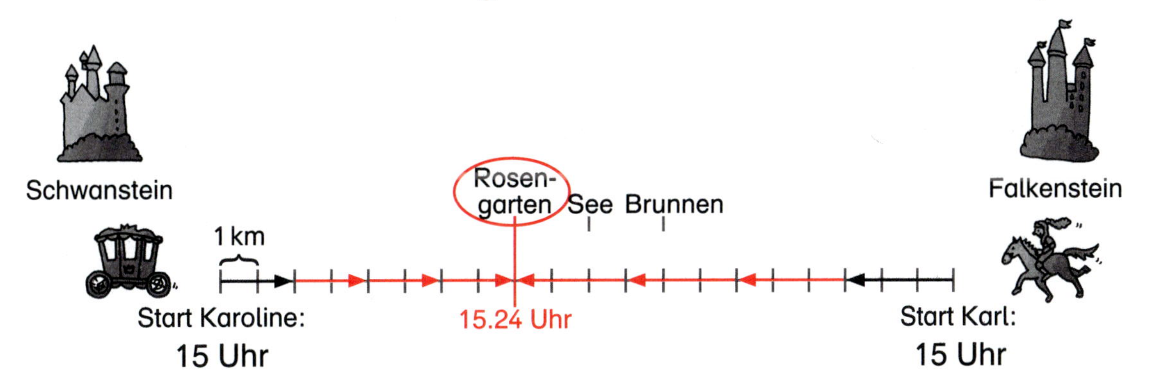

A: Karoline und Karl treffen sich um 15.24 Uhr am Rosengarten.

b) Nach 30 Minuten Beisammensein steigt Karoline zu Karl aufs Pferd.
Das Pferd ist jetzt langsamer und schafft nur 2 km in 8 Minuten.
Um 16.42 Uhr treffen sie auf einem Schloss ein.
Welches Schloss ist es?
A: Es ist das Schloss Falkenstein.

2 Am nächsten Tag ist Karl mit Franz von Hohenstein zum Turnier verabredet. Die Skizze zeigt dir alle weiteren Informationen, die du zur Lösung der Aufgabe brauchst.

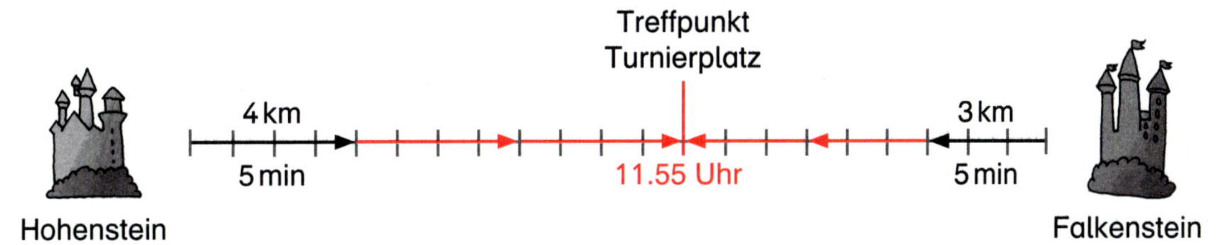

Franz startet: 11.40 Uhr

11.40 Uhr: Karl startet

A: Die Entfernung von Schloss Hohenstein nach Falkenstein beträgt: 21 km.
Karl braucht 5 min für 4 km. Franz braucht 5 min für 3 km.
Die beiden treffen sich um 11.55 Uhr.

Kontrolle: Der Treffpunkt ist 12 km von Hohenstein entfernt.
Markiere die richtige Stelle.

Kombinieren

Sachaufgaben

Immer zwei Antworten passen zu einer Frage, aber nur eine Antwort ist richtig.
Ordne richtig zu und trage die angegebenen Buchstaben zum Kontrollwort ein.

Fragen

1 Ein Zug fährt um 8.10 Uhr von München ab und kommt um 12.49 in Köln an. Wie lange dauerte die Fahrt?

2 Im Jahr 1911 war Roald Amundsen als erster Mensch am Südpol. 17 Jahre später kam er bei einer Expedition ums Leben. Wann starb Roald Amundsen?

3 Herr Schmidt legt neue Platten auf seine Terrasse. Die alten 160 quadratischen Platten hatten eine Seitenlänge von 25 cm. Die neuen Quadrate sind doppelt so lang. Wie viele Platten braucht er jetzt?

4 Hannah hat auf dem Flohmarkt 145,20 € eingenommen. Für den Stand musste sie aber 5,80 € Gebühr bezahlen. Wie viel € hat sie verdient?

5 Der Hochsprung-Weltrekord liegt bei 2,45 m. Auf dem Mond kann man sechsmal so hoch springen. Wie hoch wäre dann der Hochsprung-Mondrekord?

Antworten

M Der Zug kommt 11 Minuten vor 13 Uhr in Köln an.	**L** Der Zug kommt nach 4 Stunden und 39 Minuten in Köln an.
E Hannah hat 139,40 € verdient.	**S** Hannah hat insgesamt 151 € verdient.
N Der Hochsprung-Mondrekord würde 14,70 m betragen.	**A** Auf dem Mond würde man 6 m höher springen als auf der Erde.
D Amundsen starb 1928, als er als Erster am Südpol war.	**E** Amundsen starb 1928 bei einer Expedition.
M Herr Schmidt braucht 320 neue Platten.	**S** Herr Schmidt braucht 40 neue Platten.

Lösungswort: Genau ___ ___ ___ ___ ___

Kombinieren – Lösungen

Sachaufgaben

Immer zwei Antworten passen zu einer Frage, aber nur eine Antwort ist richtig.
Ordne richtig zu und trage die angegebenen Buchstaben zum Kontrollwort ein.

Fragen

1 Ein Zug fährt um 8.10 Uhr von München ab und kommt um 12.49 in Köln an. Wie lange dauerte die Fahrt?

2 Im Jahr 1911 war Roald Amundsen als erster Mensch am Südpol. 17 Jahre später kam er bei einer Expedition ums Leben. Wann starb Roald Amundsen?

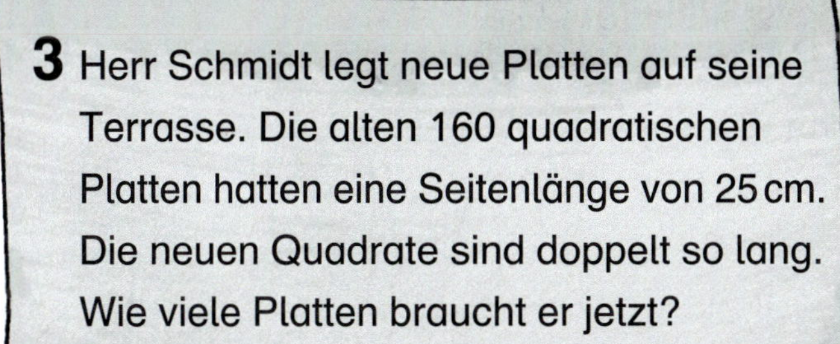

3 Herr Schmidt legt neue Platten auf seine Terrasse. Die alten 160 quadratischen Platten hatten eine Seitenlänge von 25 cm. Die neuen Quadrate sind doppelt so lang. Wie viele Platten braucht er jetzt?

4 Hannah hat auf dem Flohmarkt 145,20 € eingenommen. Für den Stand musste sie aber 5,80 € Gebühr bezahlen. Wie viel € hat sie verdient?

5 Der Hochsprung-Weltrekord liegt bei 2,45 m. Auf dem Mond kann man sechsmal so hoch springen. Wie hoch wäre dann der Hochsprung-Mondrekord?

Antworten

M Der Zug kommt 11 Minuten vor 13 Uhr in Köln an.

L Der Zug kommt nach 4 Stunden und 39 Minuten in Köln an.

E Hannah hat 139,40 € verdient.

S Hannah hat insgesamt 151 € verdient.

N Der Hochsprung-Mondrekord würde 14,70 m betragen.

A Auf dem Mond würde man 6 m höher springen als auf der Erde.

D Amundsen starb 1928, als er als Erster am Südpol war.

E Amundsen starb 1928 bei einer Expedition.

M Herr Schmidt braucht 320 neue Platten.

S Herr Schmidt braucht 40 neue Platten.

Lösungswort: Genau L E S E N

978-3-589-16642-8 Autoren: Jörg Krampe und Rolf Mittelmann • Das Knobelheft für die Klassen 3 und 4 • Illustrationen: Theresia Koppers

Kombinieren

Sachaufgaben

1 Um Mitternacht hat es in Berlin geregnet. Kann es sein, dass 48 Stunden später die Sonne scheint?

A: ______ , weil ________________________________

____

2 Im Hafen liegt bei Ebbe ein Schiff. Die Leiter an der Bordwand hängt gerade bis zur ersten Sprosse im Wasser. Der Sprossenabstand ist 30 cm. Als die Flut kommt, steigt das Wasser im Hafen in jeder Stunde um 20 cm. Nach wie vielen Stunden reicht das Wasser bis zur dritten Sprosse?

A: ____ ,

weil ____ ,

____

3 Anne fährt mit dem Fahrrad von Fuchsberg nach Schafstadt. Lukas wandert gleichzeitig von Schafstadt nach Fuchsberg. Er ist aber nur halb so schnell wie Anne. Wer ist weiter von Fuchsberg entfernt, wenn sich beide treffen?

A: ____ ,

weil ____

4 Einen Tag später will Anne wieder von Fuchsberg nach Schafstadt. Die erste Hälfte der Strecke nimmt ihre Mutter sie im Auto mit. So ist sie 5-mal schneller als mit dem Rad. Die zweite Hälfte des Weges geht Anne zu Fuß und braucht dafür doppelt so viel Zeit wie mit dem Fahrrad. Braucht Anne für die ganze Strecke nun mehr oder weniger Zeit, als mit dem Fahrrad?

A: ____ ,

weil ____

____

Kombinieren – Lösungen

Sachaufgaben

Achtung, dies sind Scherzaufgaben, die du ohne viel zu rechnen lösen kannst. Begründe deine Antworten.

1 Um Mitternacht hat es in Berlin geregnet. Kann es sein, dass 48 Stunden später die Sonne scheint?

A: Nein, weil es nach 48 Stunden (2 Tage) wieder Mitternacht ist.

2 Im Hafen liegt bei Ebbe ein Schiff. Die Leiter an der Bordwand hängt gerade bis zur ersten Sprosse im Wasser. Der Sprossenabstand ist 30 cm. Als die Flut kommt, steigt das Wasser im Hafen in jeder Stunde um 20 cm. Nach wie vielen Stunden reicht das Wasser bis zur dritten Sprosse?

A: Das Wasser reicht nie bis zur 3. Sprosse,

weil das Schiff mit der Flut auch angehoben wird.

3 Anne fährt mit dem Fahrrad von Fuchsberg nach Schafstadt. Lukas wandert gleichzeitig von Schafstadt nach Fuchsberg. Er ist aber nur halb so schnell wie Anne. Wer ist weiter von Fuchsberg entfernt, wenn sich beide treffen?

A: Sie sind beide gleich weit von Fuchsberg entfernt,

weil sie beim Treffen an derselben Stelle stehen.

4 Einen Tag später will Anne wieder von Fuchsberg nach Schafstadt. Die erste Hälfte der Strecke nimmt ihre Mutter sie im Auto mit. So ist sie 5-mal schneller als mit dem Rad. Die zweite Hälfte des Weges geht Anne zu Fuß und braucht dafür doppelt so viel Zeit wie mit dem Fahrrad. Braucht Anne für die ganze Strecke nun mehr oder weniger Zeit, als mit dem Fahrrad?

A: Anne braucht nun mehr Zeit als mit dem Fahrrad,

weil sie schon für die 2. Hälfte so lange braucht wie mit dem Rad für die ganze Strecke.

978-3-589-16642-8 Autoren: Jörg Krampe und Rolf Mittelmann • Das Knobelheft für die Klassen 3 und 4 • Illustrationen: Antje Keidies (Clown); Theresia Koppers (alle anderen Illustrationen)

Kombinieren

Sachaufgaben

1 Setze an der richtigen Stelle im Text ein:

43,5 km | 2560 | 45 min | 6,35 € | Bus

22.10 Uhr | 17.45 Uhr | 0.25 Uhr | Popkonzert | 45,00 €

Popkonzert

Emma und Paul besuchen ein ____________ . Sie fahren mit dem ________ um ____________ los und müssen dann noch ____________ warten, bis das Konzert um 19.30 Uhr beginnt. Für die ____________ lange Busfahrt zahlen sie ____________ pro Person **und Strecke.** Der Eintrittspreis beträgt auf allen Plätzen ____________ . Die Konzerthalle fasst ____________ Personen. Sie ist aber nur zur Hälfte besetzt. Das Konzert dauert bis ____________ . Um ____________ sind Emma und Paul wieder zu Hause.

2 Löse die Aufgaben mithilfe des Textes.

a) Wie lange dauert die Hinfahrt mit dem Bus?

A: Die Hinfahrt dauert ____ min.

b) Wie viel Geld geben beide zusammen für Fahrt und Eintritt aus?

A: Für Fahrt und Eintritt geben sie ________ € aus.

c) Wie viele Besucher sind beim Popkonzert?

A: Es sind ________ Konzertbesucher.

d) Wie viel Eintrittsgeld nimmt der Veranstalter insgesamt ein?

A: Der Veranstalter nimmt ____________ € Eintrittsgeld ein.

e) Wie lange waren Emma und Paul insgesamt unterwegs?

A: Emma und Paul waren insgesamt ___ h ____ min unterwegs.

Rechne auf einem Extrablatt.

Lösungszahlen: 6; 30; 40; 60; 115,40; 1280; 57600 (eine Zahl bleibt ungenutzt)

Kombinieren – Lösungen

Sachaufgaben

1 Setze an der richtigen Stelle im Text ein:

43,5 km	2560	45 min	6,35 €	Bus
22.10 Uhr	17.45 Uhr	0.25 Uhr	Popkonzert	45,00 €

Popkonzert

Emma und Paul besuchen ein Popkonzert. Sie fahren mit dem Bus um 17.45 Uhr los und müssen dann noch 45 min warten, bis das Konzert um 19.30 Uhr beginnt. Für die 43,5 km lange Busfahrt zahlen sie 6,35 € pro Person **und Strecke.** Der Eintrittspreis beträgt auf allen Plätzen 45,00 €. Die Konzerthalle fasst 2560 Personen. Sie ist aber nur zur Hälfte besetzt. Das Konzert dauert bis 22.10 Uhr. Um 0.25 Uhr sind Emma und Paul wieder zu Hause.

2 Löse die Aufgaben mithilfe des Textes.

a) Wie lange dauert die Hinfahrt mit dem Bus?
A: Die Hinfahrt dauert 60 min.

b) Wie viel Geld geben beide zusammen für Fahrt und Eintritt aus?
A: Für Fahrt und Eintritt geben sie 115,40 € aus.

c) Wie viele Besucher sind beim Popkonzert?
A: Es sind 1280 Konzertbesucher.

d) Wie viel Eintrittsgeld nimmt der Veranstalter insgesamt ein?
A: Der Veranstalter nimmt 57600 € Eintrittsgeld ein.

e) Wie lange waren Emma und Paul insgesamt unterwegs?
A: Emma und Paul waren insgesamt 6 h 40 min unterwegs.

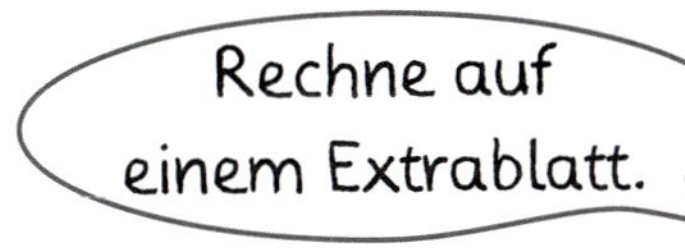
Rechne auf
einem Extrablatt.

Lösungszahlen: 6; 30; 40; 60; 115,40; 1280; 57600
(eine Zahl bleibt ungenutzt)

Kombinieren

Sachaufgaben

Lies mehrmals, bis du etwas sicher weißt.

1 Anna, Luisa, Inge und Sara spielen im selben Verein Tischtennis. Male die Schläger richtig an. Ordne die Namen der Mädchen richtig zu.

- ✱ Saras Schläger liegt zwischen Inges und Annes.
- ✱ Der Schläger rechts hat einen gelben Griff.
- ✱ Die beiden Schläger mit den gelben Flächen liegen nebeneinander.
- ✱ Luisas Schläger mit dem gelben Griff liegt ganz links.
- ✱ Inges Schläger hat eine gelbe Fläche.
- ✱ Die beiden Schläger in der Mitte haben blaue Griffe.
- ✱ Nur die beiden Schläger außen haben blaue Flächen.

Es kommen nur die Farben Blau und Gelb vor.

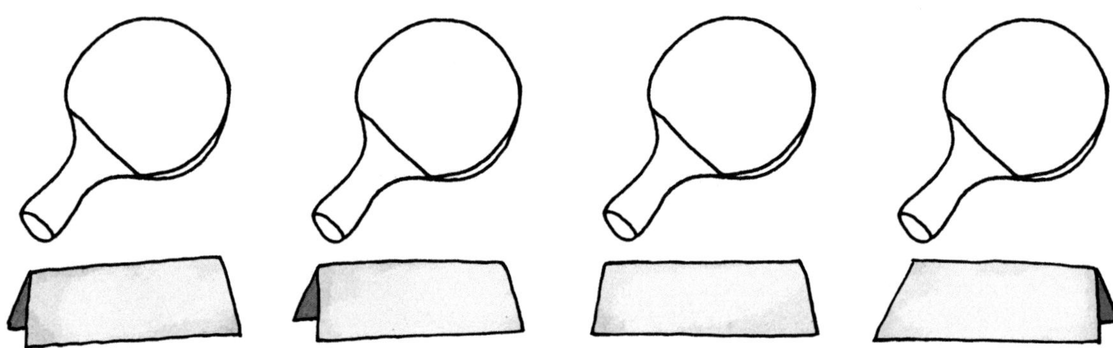

Kontrolle: In der richtigen Reihenfolge ergeben die Anfangsbuchstaben der Namen wieder einen Mädchennamen: ___ ___ ___ ___

2 Erkan, Chris und Peter haben verschiedene Lieblingsfächer und Hobbys. Lies genau und notiere jeweils „ja“ oder „nein“ in den Tabellen.
Achtung: In jeder Tabelle steht in jeder Zeile und Spalte nur einmal „ja“!

Mein Lieblingsfach ist Mathe. Am PC spiele ich nicht gern.

Ich mag keinen Sport, aber ich male gern.

Mein Lieblingsfach und mein Hobby kannst du aus den Tabellen ablesen.

Peter

	Sport	Mathe	Kunst
Erkan			
Chris			
Peter			

lesen	PC	malen

Peters Lieblingsfach ist ________ , sein Hobby ist ______ .

Kombinieren – Lösungen

Sachaufgaben

Lies mehrmals, bis du etwas sicher weißt.
Es kommen nur die Farben Blau und Gelb vor.

1 Anna, Luisa, Inge und Sara spielen im selben Verein Tischtennis. Male die Schläger richtig an. Ordne die Namen der Mädchen richtig zu.

- Saras Schläger liegt zwischen Inges und Annes.
- Der Schläger rechts hat einen gelben Griff.
- Die beiden Schläger mit den gelben Flächen liegen nebeneinander.
- Luisas Schläger mit dem gelben Griff liegt ganz links.
- Inges Schläger hat eine gelbe Fläche.
- Die beiden Schläger in der Mitte haben blaue Griffe.
- Nur die beiden Schläger außen haben blaue Flächen.

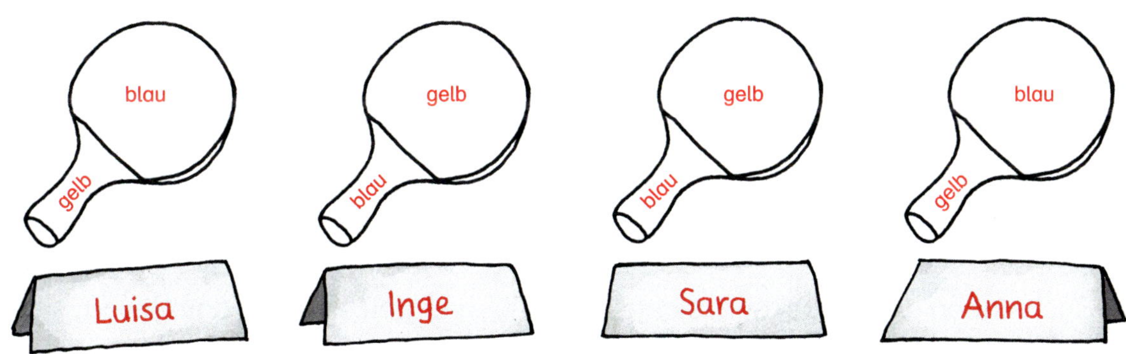

blau
gelb
gelb
blau
gelb
blau
blau
gelb
Luisa
Inge
Sara
Anna

Kontrolle: In der richtigen Reihenfolge ergeben die Anfangsbuchstaben der Namen wieder einen Mädchennamen: L I S A

2 Erkan, Chris und Peter haben verschiedene Lieblingsfächer und Hobbys. Lies genau und notiere jeweils „ja" oder „nein" in den Tabellen.
Achtung: In jeder Tabelle steht in jeder Zeile und Spalte nur einmal „ja"!

Mein Lieblingsfach ist Mathe. Am PC spiele ich nicht gern.
Erkan
Ich mag keinen Sport, aber ich male gern.
Chris
Mein Lieblingsfach und mein Hobby kannst du aus den Tabellen ablesen.
Peter

	Sport	Mathe	Kunst
Erkan	nein	ja	nein
Chris	nein	nein	ja
Peter	ja	nein	nein

	lesen	PC	malen
Erkan	ja	nein	nein
Chris	nein	nein	ja
Peter	nein	ja	nein

Peters Lieblingsfach ist Sport, sein Hobby ist PC.

978-3-589-16642-8 Autoren: Jörg Krampe und Rolf Mittelmann • Das Knobelheft für die Klassen 3 und 4 • Illustrationen: Antje Keidies (Pinguin, Kind Erkan); Theresia Koppers (Tischtennisschläger, Kind Chris); Sabine Wiemers (Kind Peter)

Kombinieren

Sachaufgaben

1 Ordne die Berge nach der Höhe.
Nutze die Skizze. Zeichne verschieden lange Striche nach diesen Angaben:

- Der Brocken ist höher als die Wasserkuppe, aber niedriger als der Feldberg.
- Der Belchen ist niedriger als der Feldberg, aber höher als der Brocken.
- Nur Feldberg und Belchen sind höher als der Fichtelberg.

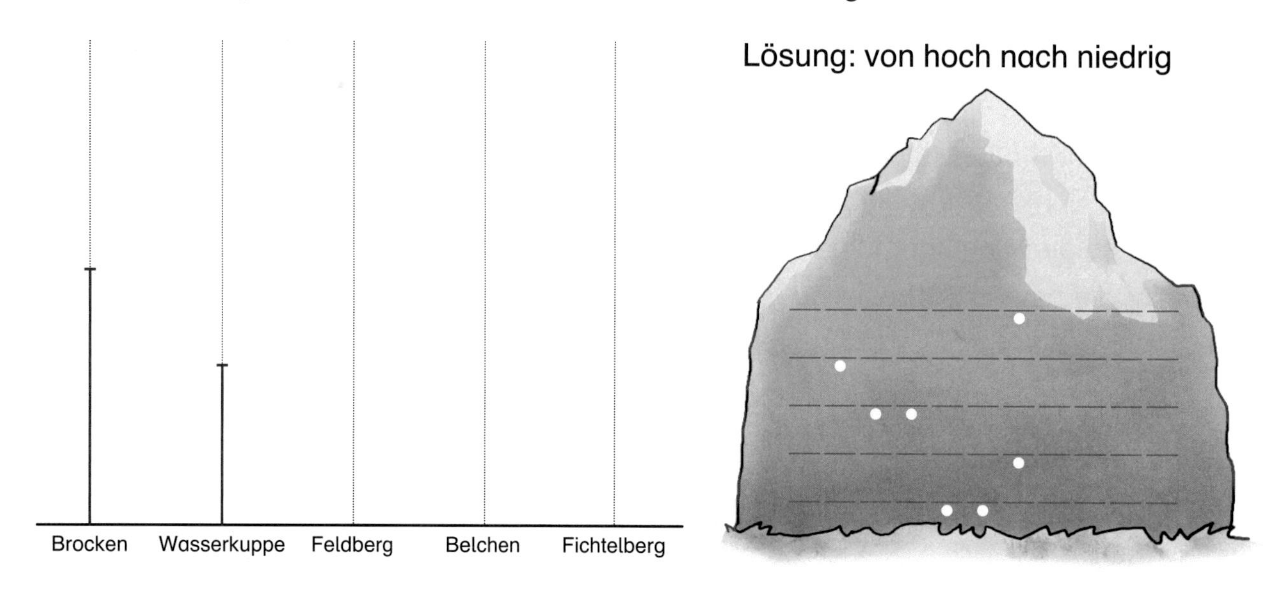

Die Buchstaben an den gekennzeichneten Stellen ergänzen das Kontrollwort:
T a s c h e n _ _ _ _ _ _ _

2 Ordne die Tiere nach ihrer Körperlänge. Nutze auch hier die Skizze.

- Eine Ameise ist länger als ein Floh, aber nicht so lang wie eine Wespe.
- Ein Maikäfer ist länger als eine Wespe, aber kürzer als eine Schnecke.

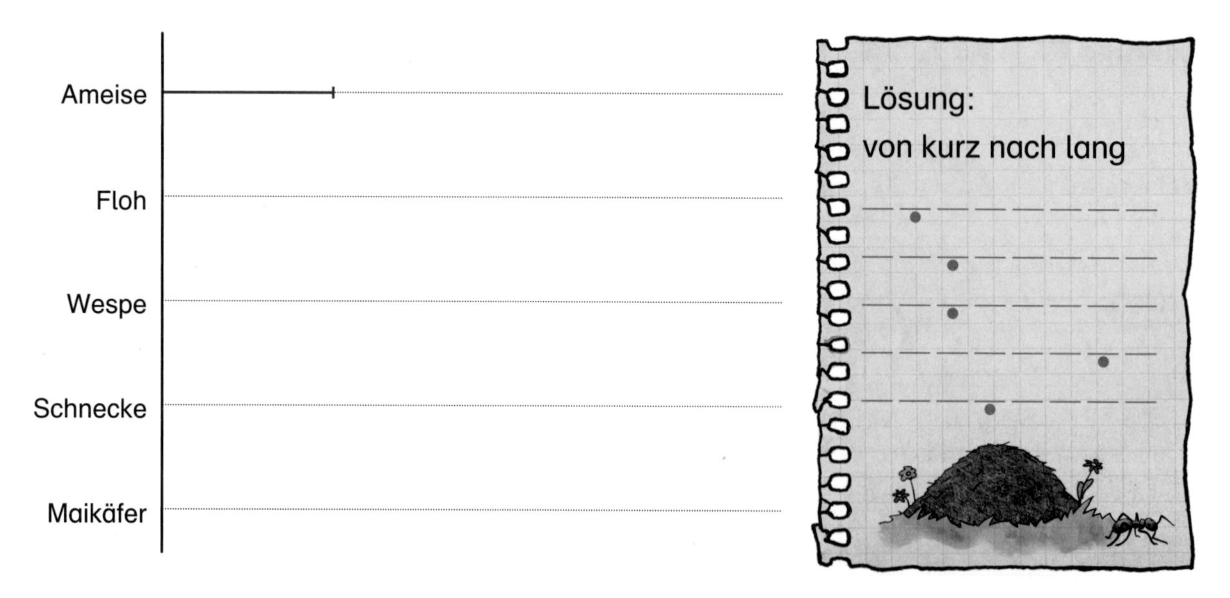

Die Buchstaben an den gekennzeichneten Stellen ergeben das Kontrollwort:
_ _ _ _ _

Kombinieren – Lösungen

Sachaufgaben

1 Ordne die Berge nach der Höhe.
Nutze die Skizze. Zeichne verschieden lange Striche nach diesen Angaben:

- Der Brocken ist höher als die Wasserkuppe, aber niedriger als der Feldberg.
- Der Belchen ist niedriger als der Feldberg, aber höher als der Brocken.
- Nur Feldberg und Belchen sind höher als der Fichtelberg.

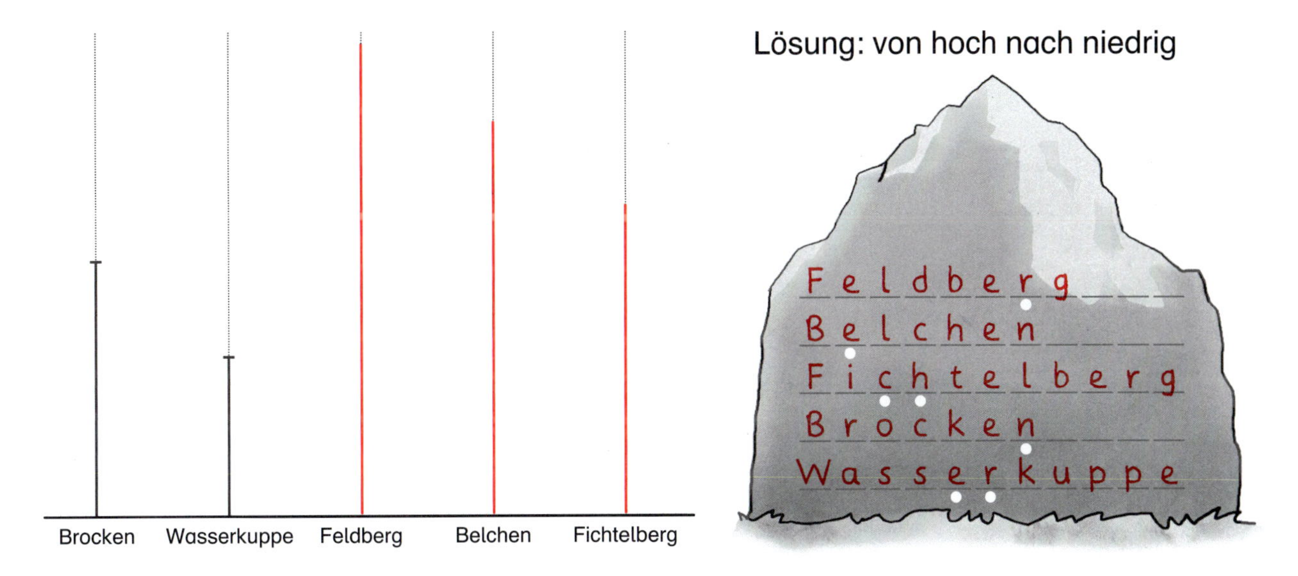

Die Buchstaben an den gekennzeichneten Stellen ergänzen das Kontrollwort:

T a s c h e n r e c h n e r

2 Ordne die Tiere nach ihrer Körperlänge. Nutze auch hier die Skizze.

- Eine Ameise ist länger als ein Floh, aber nicht so lang wie eine Wespe.
- Ein Maikäfer ist länger als eine Wespe, aber kürzer als eine Schnecke.

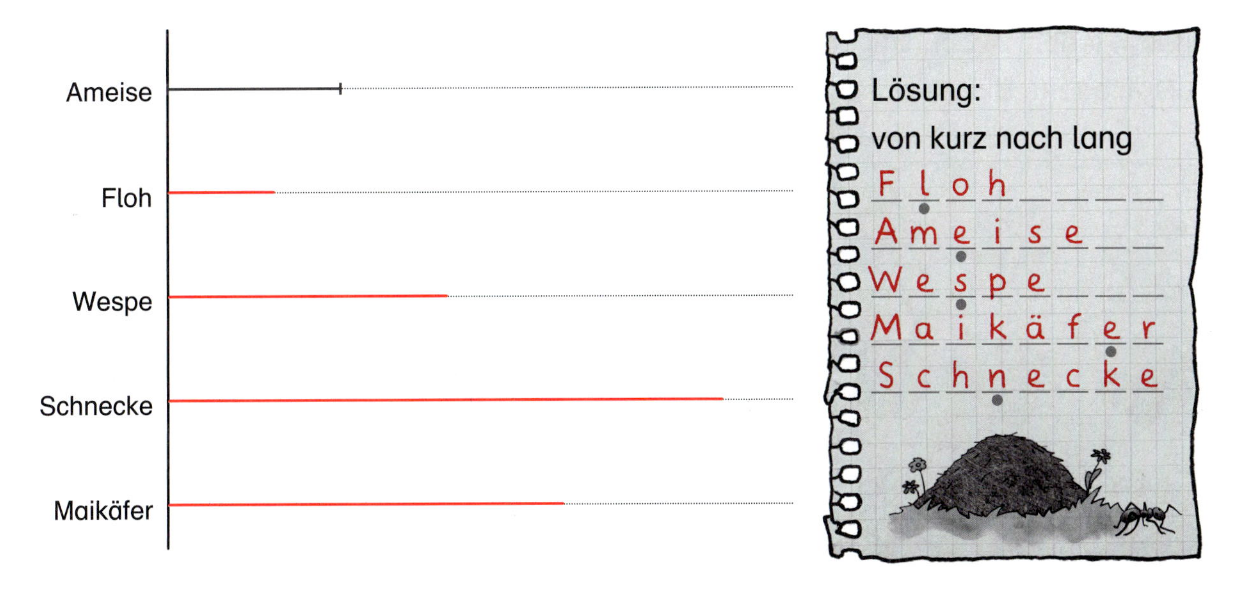

Die Buchstaben an den gekennzeichneten Stellen ergeben das Kontrollwort:

Kombinieren

Flächen

1 Schnecken lieben Salat.
Zeichne drei Geraden so ein, dass die Schnecken vom Salat getrennt werden.
Die Geraden beginnen und enden jeweils bei den Buchstaben am Rand.

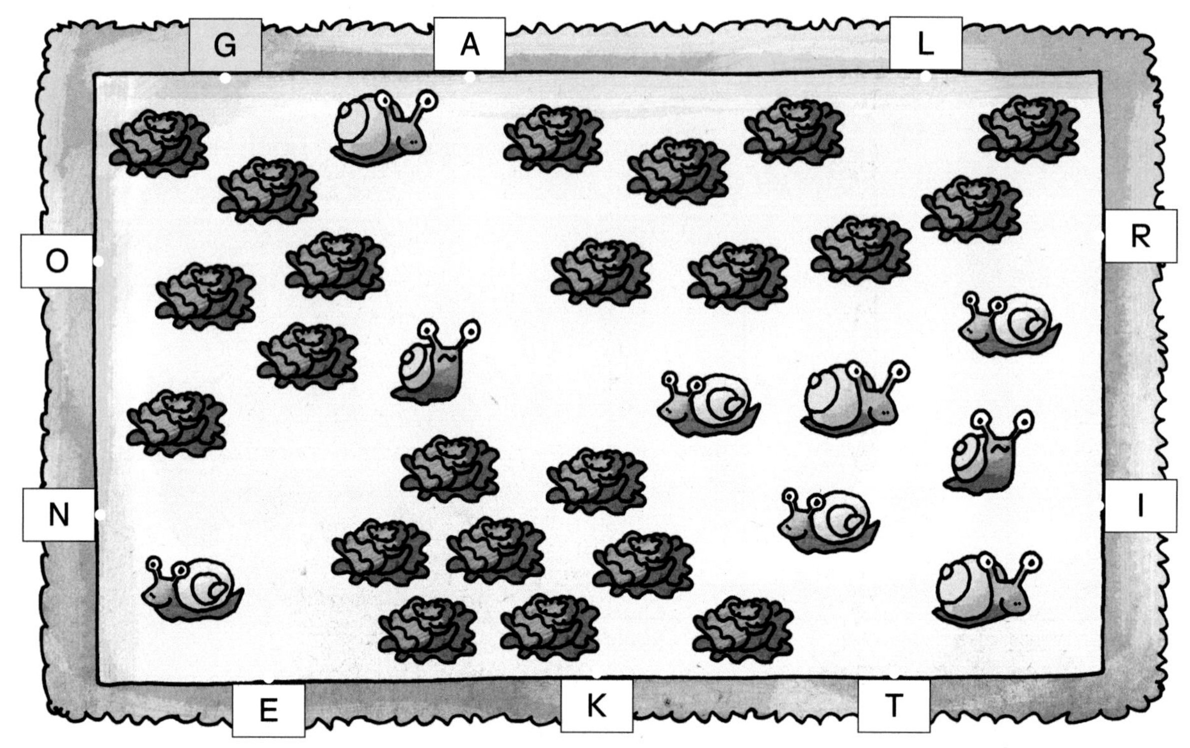

Notiere hier die Buchstaben an den Enden der Geraden im Uhrzeigersinn.
Kontrolle: G __ __ __ __ __ __

Vier Buchstaben bleiben übrig.

2 Teile die Beete so in vier Abschnitte ein, dass in jedem Abschnitt genau vier verschiedene Blüten zu sehen sind.

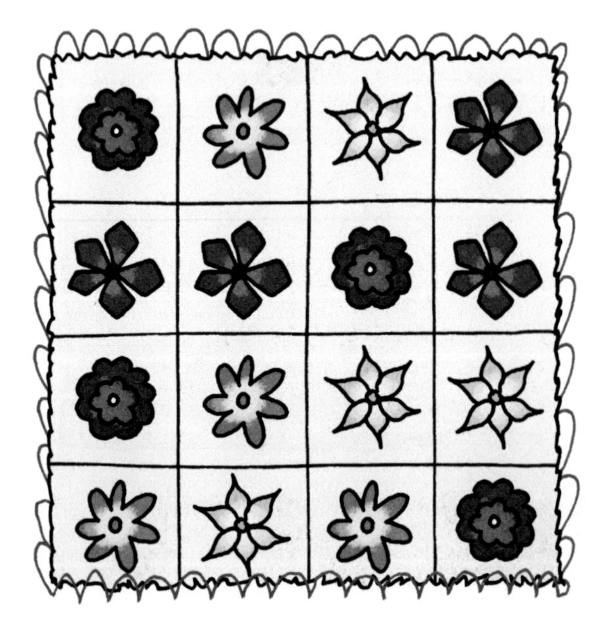

Kombinieren – Lösungen

Flächen

1 Schnecken lieben Salat.
Zeichne drei Geraden so ein, dass die Schnecken vom Salat getrennt werden.
Die Geraden beginnen und enden jeweils bei den Buchstaben am Rand.

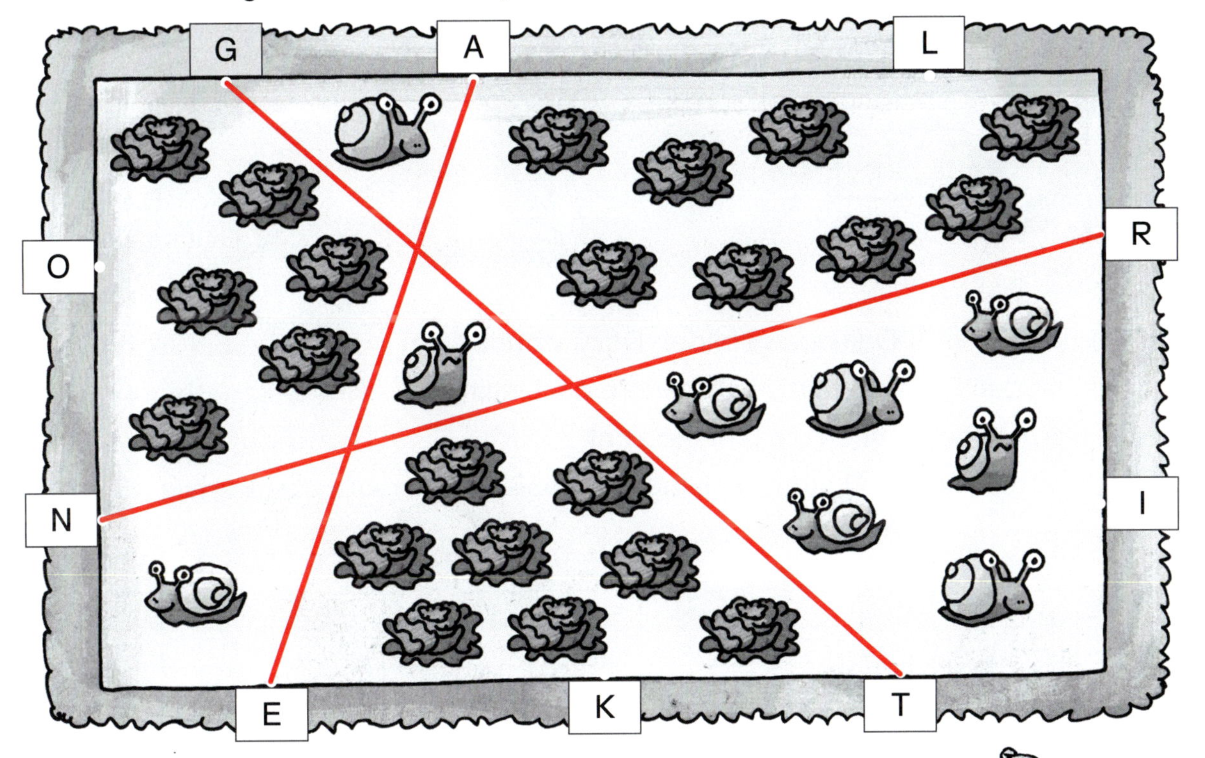

Notiere hier die Buchstaben an den Enden der Geraden im Uhrzeigersinn.
Kontrolle: G A R T E N

Vier Buchstaben bleiben übrig.

2 Teile die Beete so in vier Abschnitte ein, dass in jedem Abschnitt genau vier verschiedene Blüten zu sehen sind.

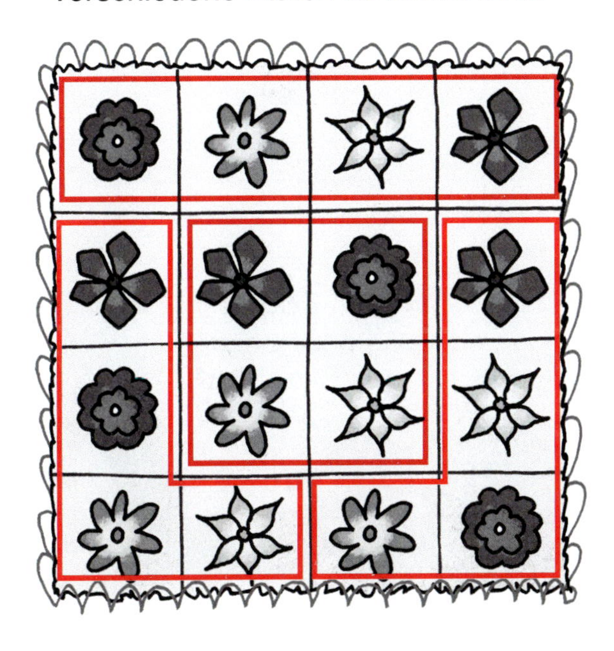

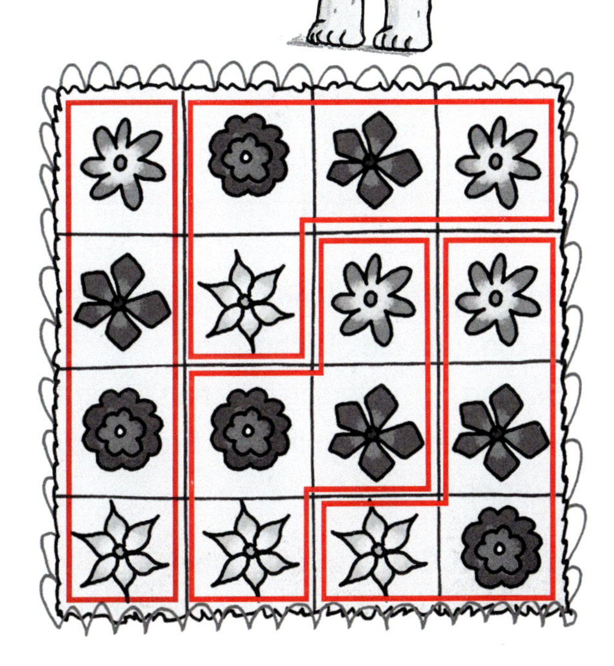

Kombinieren

Geometrische Aufgaben – Flächen

Das ist ein Dominostein. Er besteht aus zwei aneinanderhängenden Quadraten.

Du kannst ihn drehen oder wenden: Die Form bleibt gleich.

1 Hier werden Quadrat-Drillinge gebildet. Dazu wandert ein Quadrat um den Dominostein. Nummeriere die Drillinge, gleiche Formen bekommen die gleiche Zahl.
Wie viele verschiedene Quadrat-Drillinge gibt es?

Beachte: Figuren und ihre Spiegelbilder und Drehfiguren gelten als gleiche Formen.

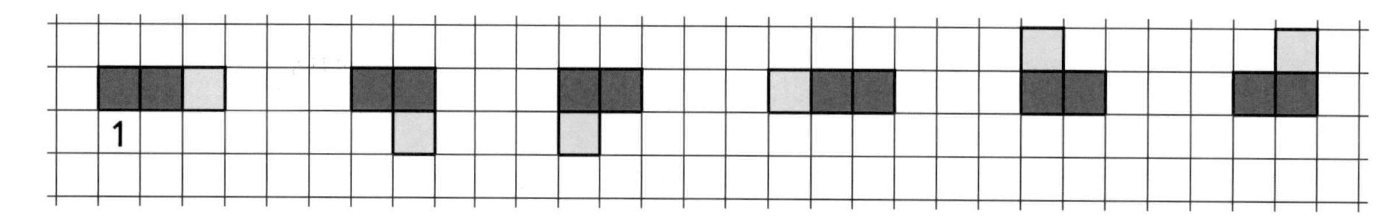

Es gibt nur ___ verschiedene Quadrat-Drillinge.

2 Untersuche ebenso Vierlinge.
Lass dazu ein Quadrat um die beiden verschiedenen Drillinge wandern.

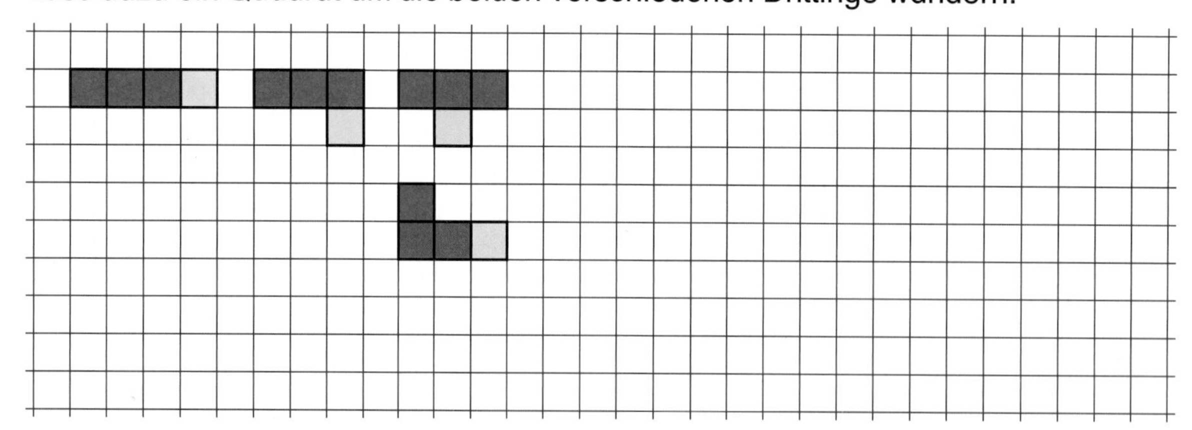

Nummeriere die Vierlinge, gleiche Formen bekommen die gleiche Zahl.
Es sind ___ unterschiedliche Quadrat-Vierlinge.
Kontrolle: Die Summe der Ergebniszahlen von **Aufgabe 1** und **2** ist 7.

3 Untersuche auf gleiche Weise Fünflinge.
Es gibt insgesamt 12 verschiedene.

Kombinieren – Lösungen

Geometrische Aufgaben – Flächen

Das ist ein Dominostein. Er besteht aus zwei aneinanderhängenden Quadraten.

Du kannst ihn drehen oder wenden: Die Form bleibt gleich.

1 Hier werden Quadrat-Drillinge gebildet. Dazu wandert ein Quadrat um den Dominostein. Nummeriere die Drillinge, gleiche Formen bekommen die gleiche Zahl.
Wie viele verschiedene Quadrat-Drillinge gibt es?

Beachte: Figuren und ihre Spiegelbilder und Drehfiguren gelten als gleiche Formen.

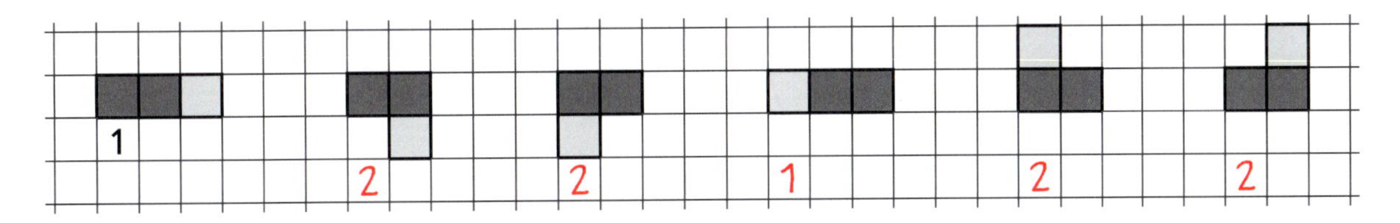

Es gibt nur 2 verschiedene Quadrat-Drillinge.

2 Untersuche ebenso Vierlinge.
Lass dazu ein Quadrat um die beiden verschiedenen Drillinge wandern.

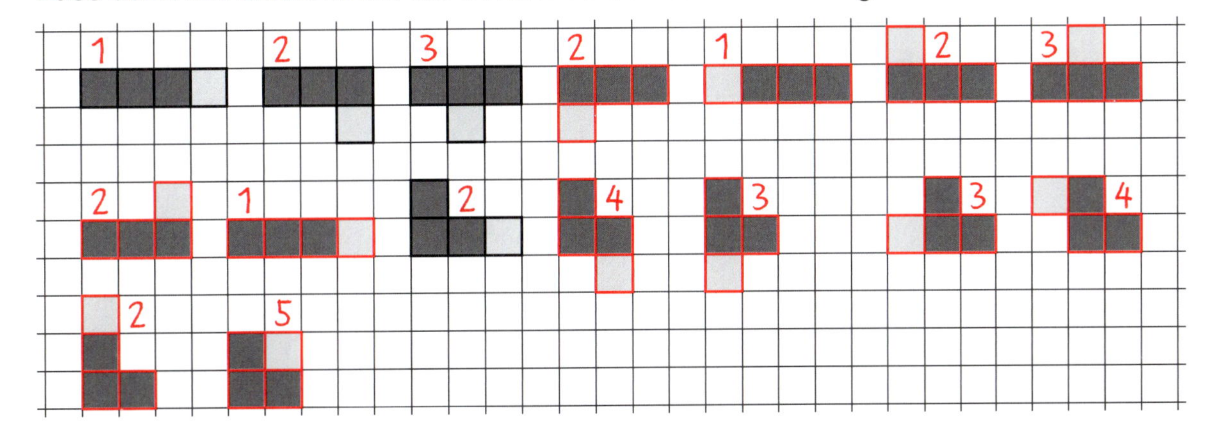

Nummeriere die Vierlinge, gleiche Formen bekommen die gleiche Zahl.
Es sind 5 unterschiedliche Quadrat-Vierlinge.
Kontrolle: Die Summe der Ergebniszahlen von **Aufgabe 1** und **2** ist 7.

3 Untersuche auf gleiche Weise Fünflinge.
Es gibt insgesamt 12 verschiedene.

Kombinieren

Geometrische Aufgaben – Netze

1 Aus elf Figuren kannst du einen Würfel falten. Kreise sie ein.

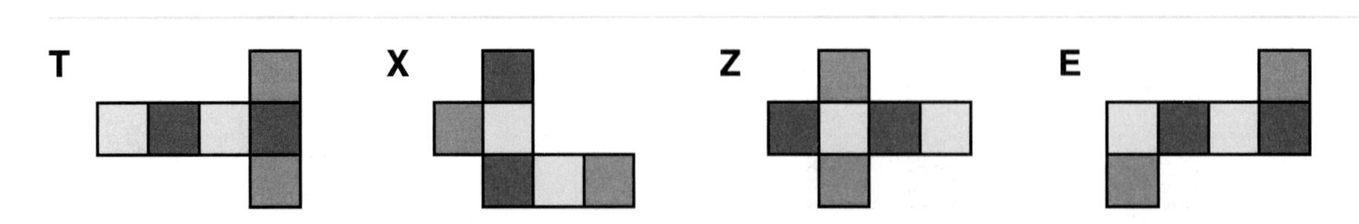

2 Trage hier der Reihe nach die Buchstaben der eingekreisten Figuren ein.
Diese elf Figuren sind W __ __ __ __ __ __ __ __ __ __ .

Kombinieren – Lösungen

Geometrische Aufgaben – Netze

1 Aus elf Figuren kannst du einen Würfel falten. Kreise sie ein.

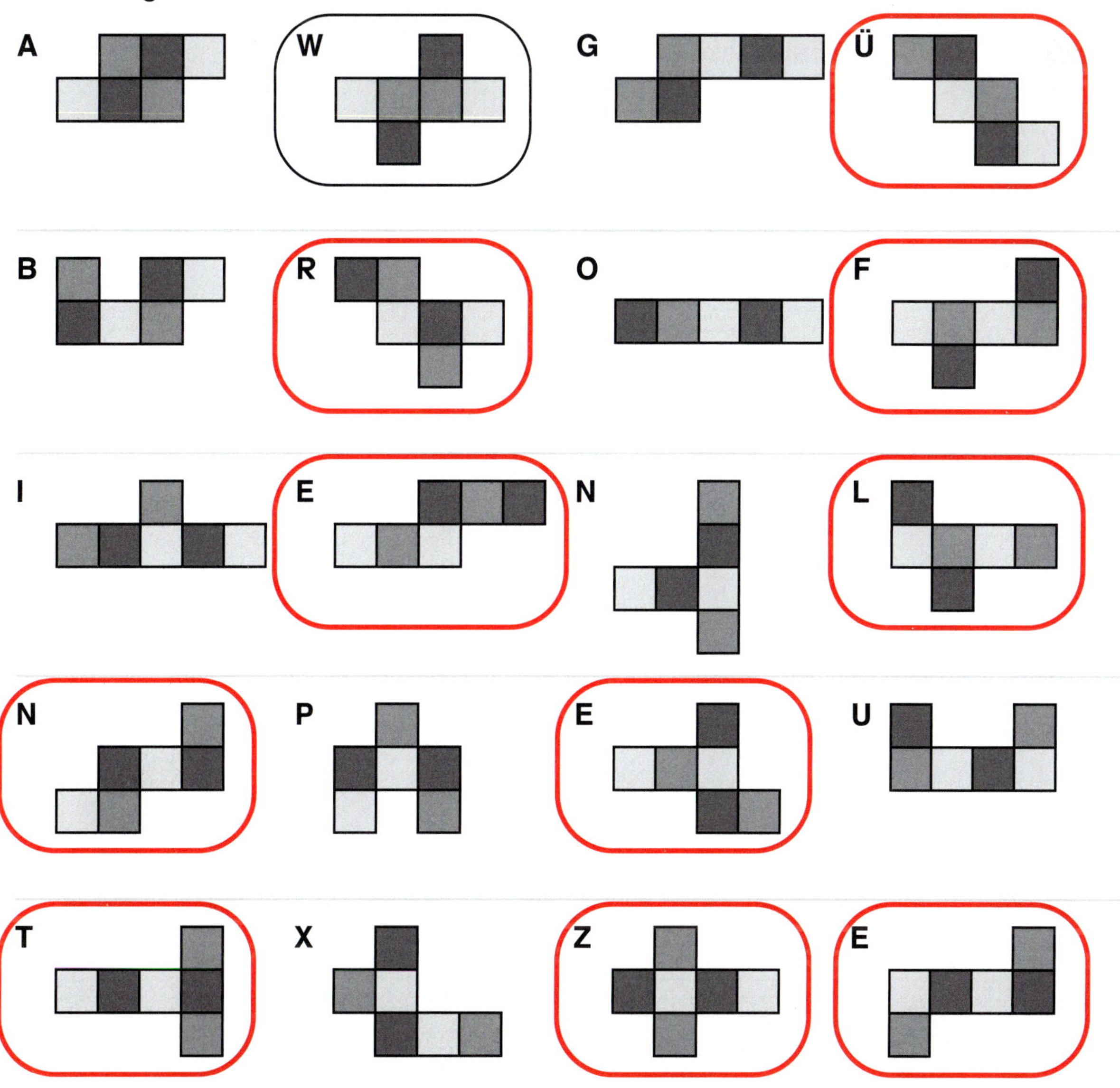

2 Trage hier der Reihe nach die Buchstaben der eingekreisten Figuren ein.
Diese elf Figuren sind W Ü R F E L N E T Z E.

Kombinieren

Geometrische Aufgaben – Körper

1 Immer zwei Bauteile ergeben einen Quader. Welche sind es?

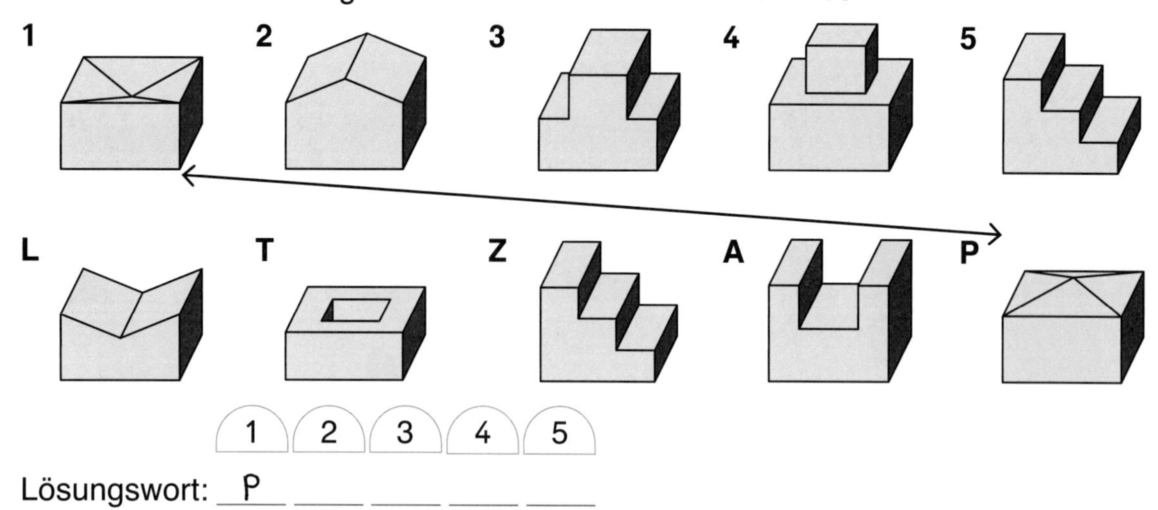

Lösungswort: P____ ____ ____ ____ ____

2 Welche Teile ergeben zusammen einen Würfel.
Zusammen gehörende Teile bekommen die gleiche Farbe. Male an!

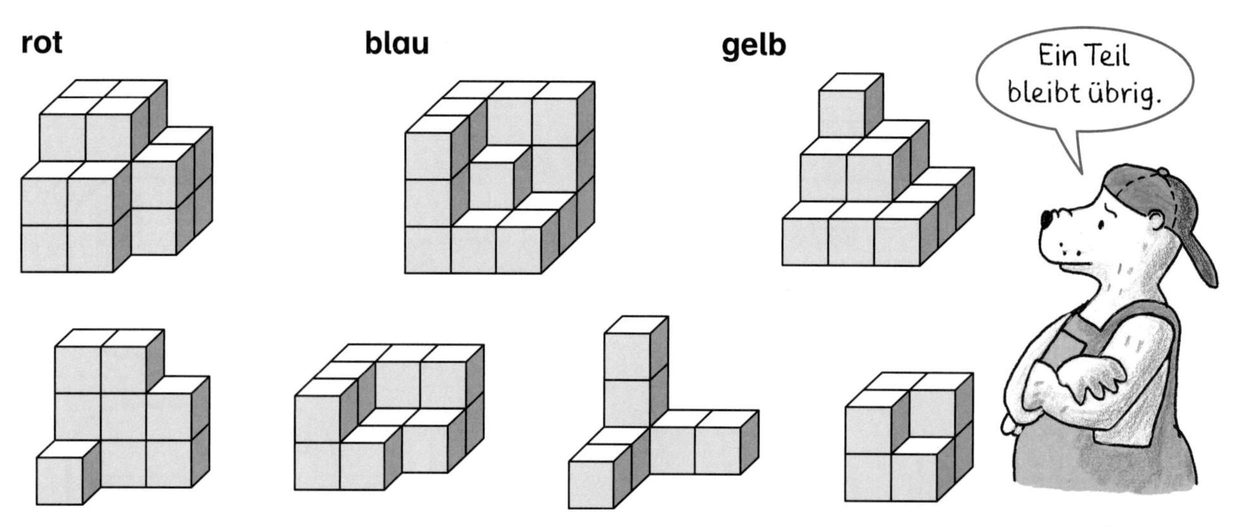

3 Hannah und Andi haben Würfelgebäude gebaut.
Wie viele Würfel brauchte Hannah weniger als Andi?

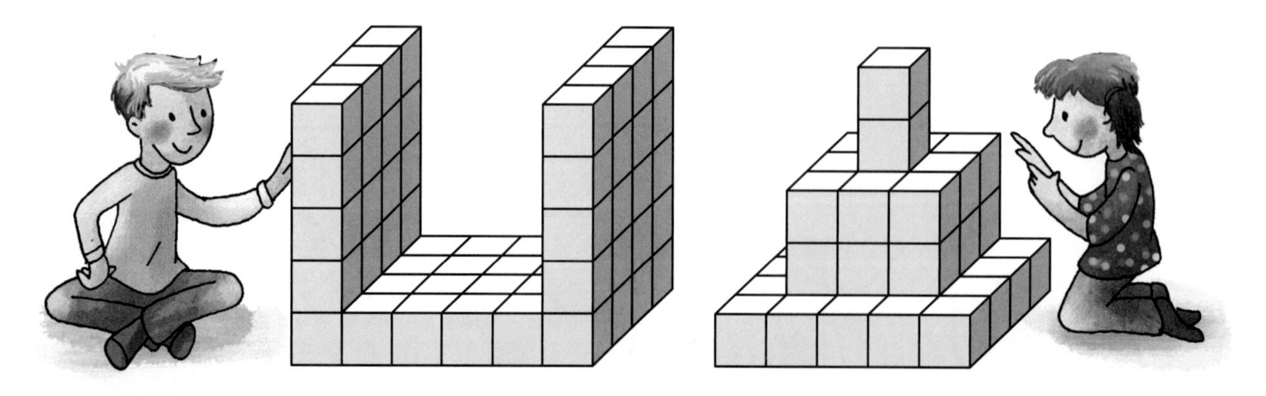

A: Hannah braucht ____ Würfel weniger.
Kontrolle: Es ist eine Zahl der 4er-Reihe.

Kombinieren – Lösungen

Geometrische Aufgaben – Körper

1 Immer zwei Bauteile ergeben einen Quader. Welche sind es?

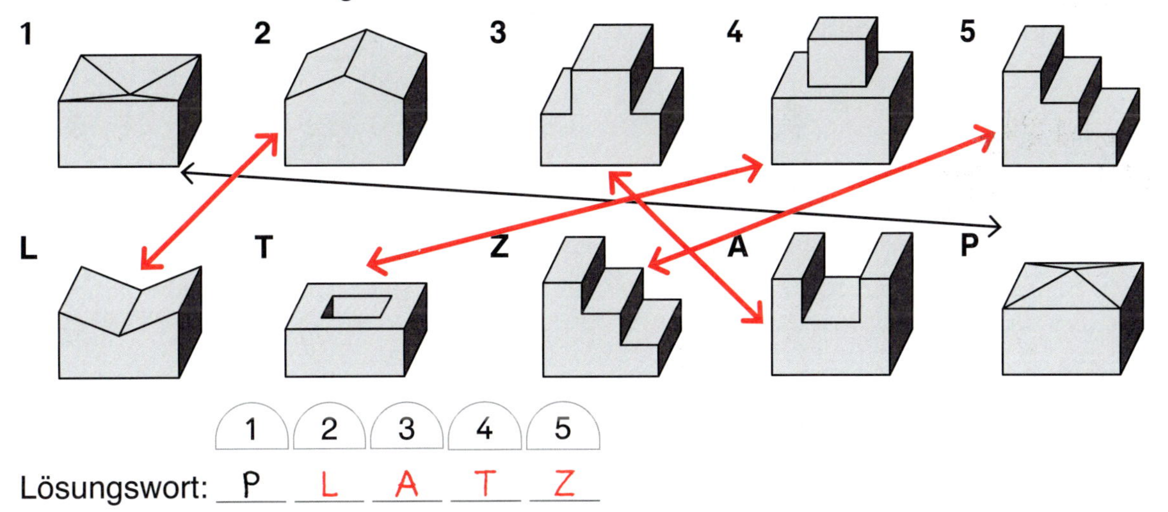

Lösungswort: P L A T Z

2 Welche Teile ergeben zusammen einen Würfel.
Zusammen gehörende Teile bekommen die gleiche Farbe. Male an!

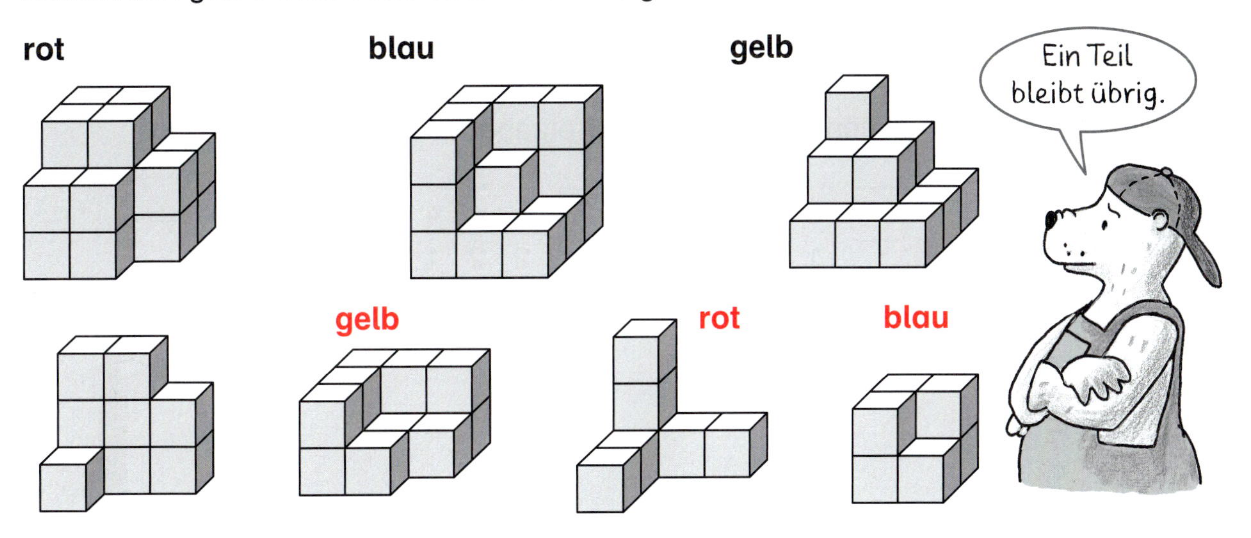

3 Hannah und Andi haben Würfelgebäude gebaut.
Wie viele Würfel brauchte Hannah weniger als Andi?

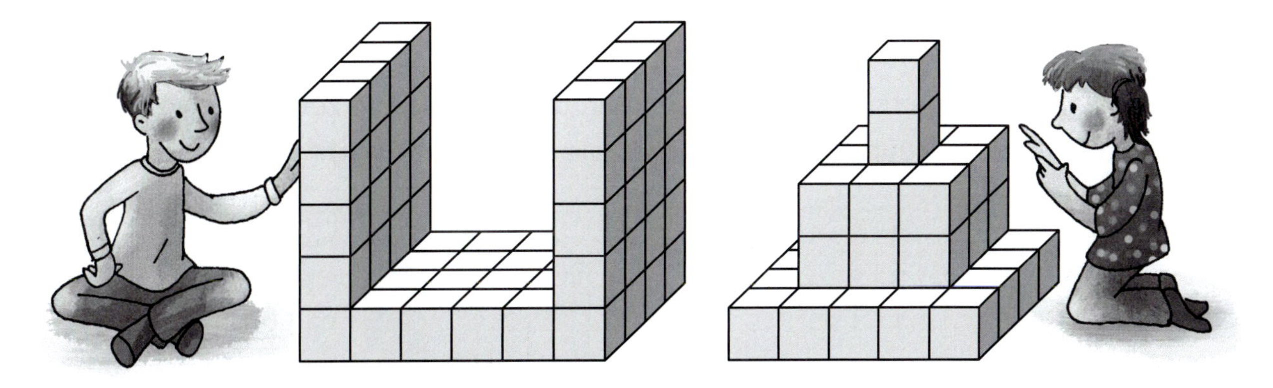

A: Hannah braucht 16 Würfel weniger.
Kontrolle: Es ist eine Zahl der 4er-Reihe.

Kombinieren

Geometrische Aufgaben – Körper

1 **a)** Aus wie vielen Würfeln besteht jedes Würfelgebäude?

U ____ **E** ____

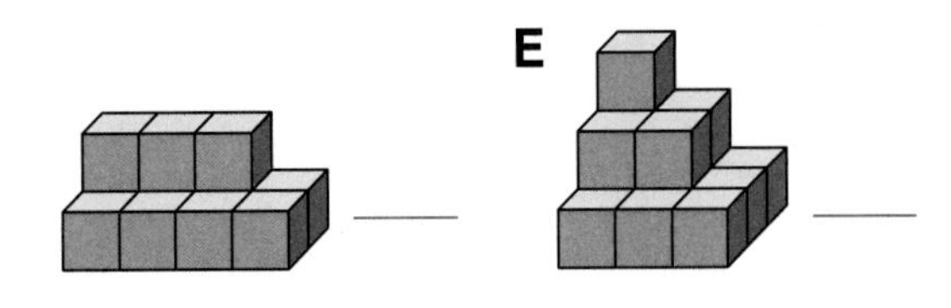

N ____ **K** ____ **C** ____ **H** ____

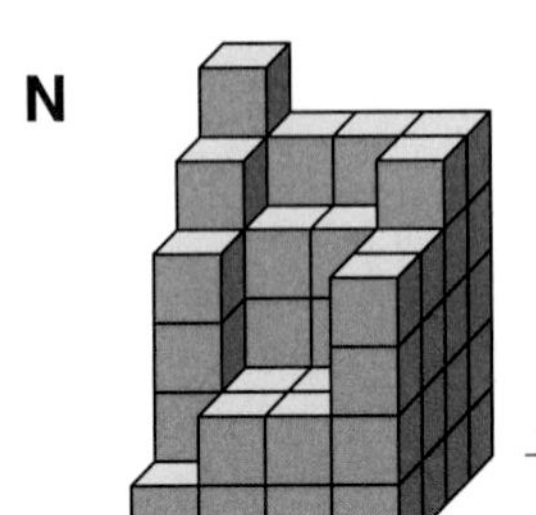

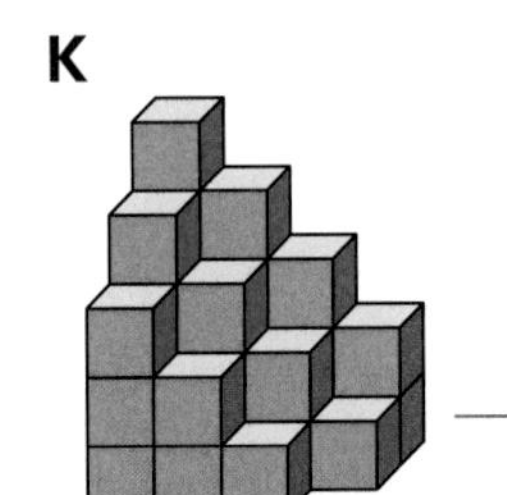

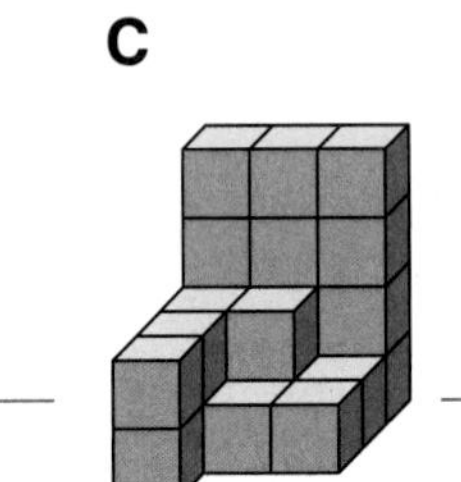

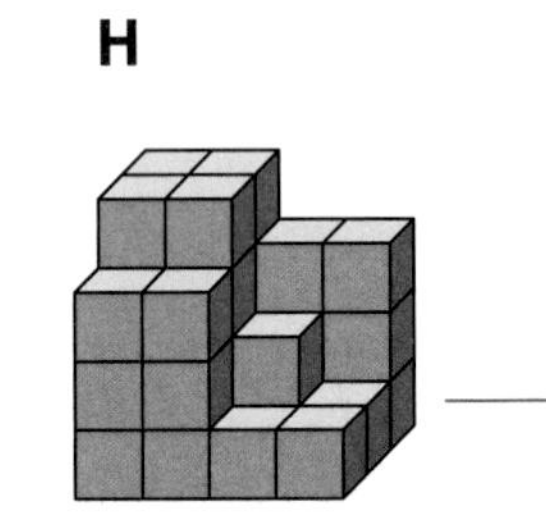

Kontrolle: Insgesamt sind es 171 Würfel.

b) Welcher Bauplan gehört zu welchem Würfelgebäude? Ordne zu.

☐

5	4	3	2
4	3	2	1
3	2	1	0

☐

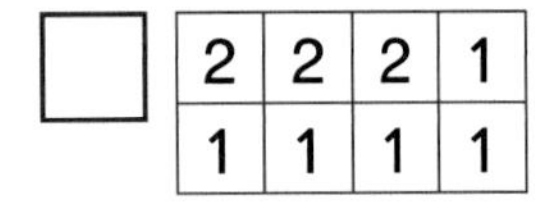

2	2	2	1
1	1	1	1

☐

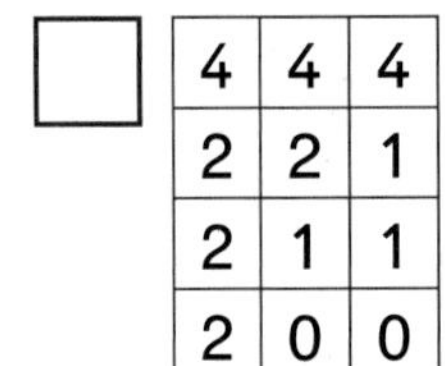

4	4	4
2	2	1
2	1	1
2	0	0

☐

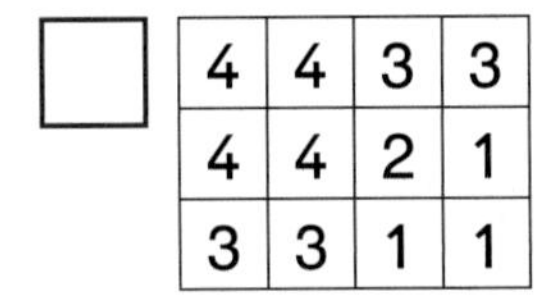

4	4	3	3
4	4	2	1
3	3	1	1

☐

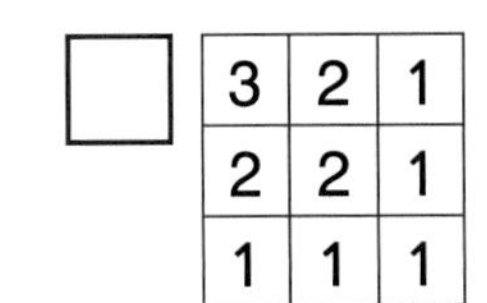

3	2	1
2	2	1
1	1	1

☐

6	5	5	5
5	4	4	5
4	2	2	4
1	2	2	4

Kontrolle: Die Buchstaben ergeben das Wort __ __ __ __ __ __

2 Hier stimmt etwas nicht.
Jedes Würfelgebäude hat einige Würfel mehr, als der Bauplan zeigt.
Kreise die Stelle im Bauplan ein. Überlege, wie viele Würfel mehr verbaut wurden.

a)

3	3	1
3	3	1
1	1	1

____

b)

3	2	2	1
3	2	2	1
3	2	2	1
3	2	2	1

____

Kontrolle: Insgesamt sind 13 Würfel zu viel verbaut worden.

Kombinieren – Lösungen

Geometrische Aufgaben – Körper

1 **a)** Aus wie vielen Würfeln besteht jedes Würfelgebäude?

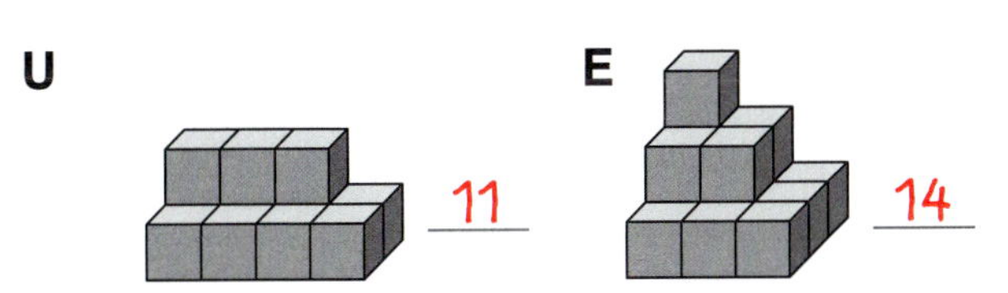

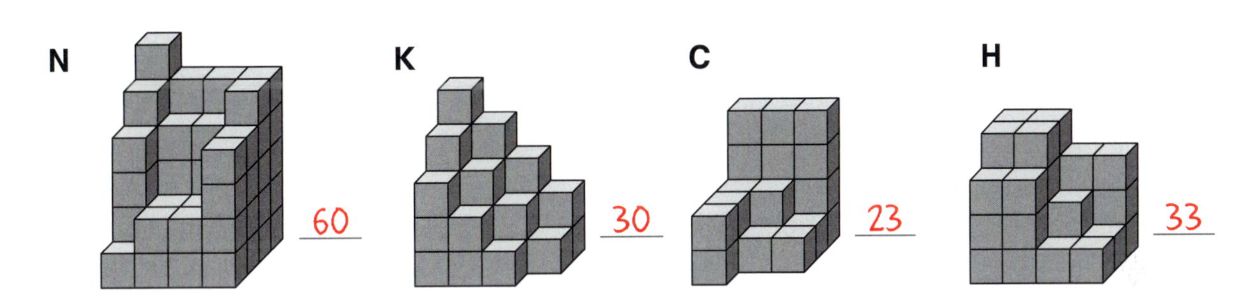

Kontrolle: Insgesamt sind es 171 Würfel.

b) Welcher Bauplan gehört zu welchem Würfelgebäude? Ordne zu.

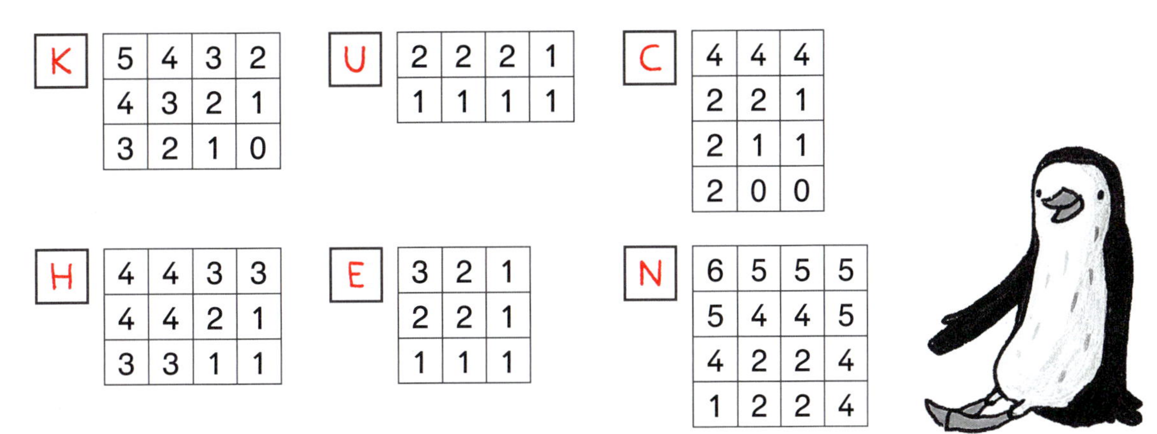

K

5	4	3	2
4	3	2	1
3	2	1	0

U

2	2	2	1
1	1	1	1

C

4	4	4
2	2	1
2	1	1
2	0	0

H

4	4	3	3
4	4	2	1
3	3	1	1

E

3	2	1
2	2	1
1	1	1

N

6	5	5	5
5	4	4	5
4	2	2	4
1	2	2	4

Kontrolle: Die Buchstaben ergeben das Wort K U C H E N

2 Hier stimmt etwas nicht.
Jedes Würfelgebäude hat einige Würfel mehr, als der Bauplan zeigt.
Kreise die Stelle im Bauplan ein. Überlege, wie viele Würfel mehr verbaut wurden.

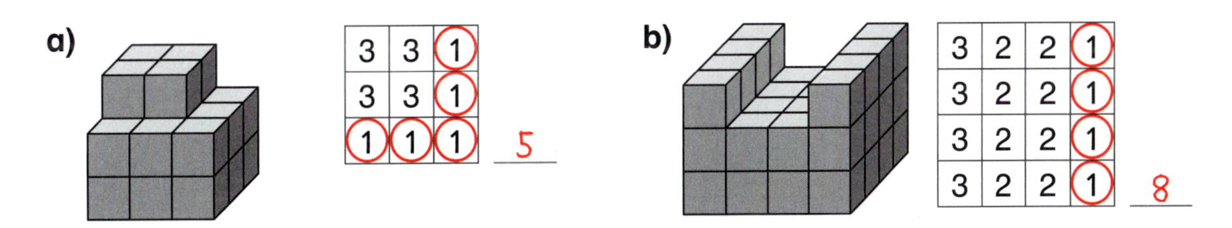

a)

3	3	(1)
3	3	(1)
(1)	(1)	(1)

5

b)

3	2	2	(1)
3	2	2	(1)
3	2	2	(1)
3	2	2	(1)

8

Kontrolle: Insgesamt sind 13 Würfel zu viel verbaut worden.

Zahlenrätsel

Aufgaben finden

1 Verbinde immer drei Zahlen (aus jeder Spalte eine Zahl), deren Summe …

a) … immer 25 ergibt. **b)** … immer 30 ergibt. **c)** … immer 40 ergibt.

a)

7	0	9
4	2	16
16	3	8
25	7	19
1	13	17

b)

2	20	15
6	10	10
8	9	3
23	5	8
20	0	12

c)

8	0	30
9	2	10
12	5	31
13	7	22
14	2	19

In jedem Päckchen gibt es vier Aufgaben.

2 Setzte die Zahlen 1, 2 oder 3 richtig ein. Rechne auch von oben nach unten.

a) 1, 2, 2, 2, 3, 3

1	·	3	·		=	6
+		–		+		
1	+		+		=	6
+		+		–		
	+		+		=	6
=		=		=		
4		4		4		

b) 1, 1, 2, 2, 3, 3

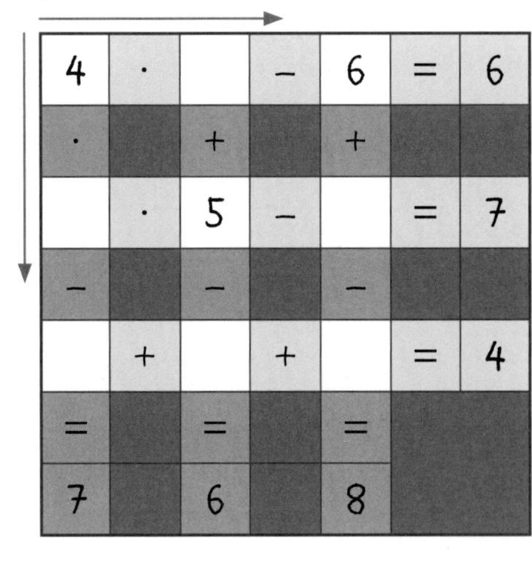

4	·		–	6	=	6
·		+		+		
	·	5	–		=	7
–		–		–		
	+		+		=	4
=		=		=		
7		6		8		

Bleistift und Radiergummi!

3 Setzte die passenden Zahlen ein. Eine Zahl bleibt immer übrig.

a)	7 8 27 70	4 5 84 195	8 9 19 99
	___ + ___ + ___ = 105	___ – ___ – ___ = 107	___ + ___ – ___ = 110
b)	4 7 8 10	4 5 6 40	1 7 8 70
	___ · ___ · ___ = 280	___ · ___ + ___ = 245	___ : ___ – ___ = 2
c)	20 30 90 450	15 31 80 720	2 4 5 100
	___ : ___ · ___ = 100	___ : ___ + ___ = 40	___ : ___ : ___ = 5

Kontrolle: Diese Zahlen bleiben übrig: 1, 2, 4, 5, 7, 8, 9,15, 30

Zahlenrätsel – Lösungen

Aufgaben finden

1 Verbinde immer drei Zahlen (aus jeder Spalte eine Zahl), deren Summe …

a) … immer 25 ergibt.

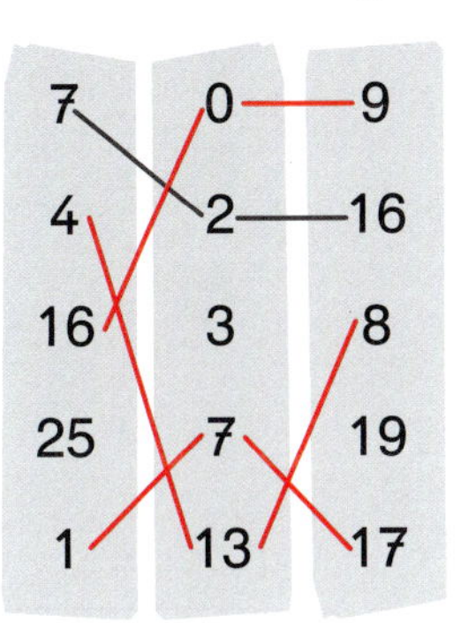

b) … immer 30 ergibt.

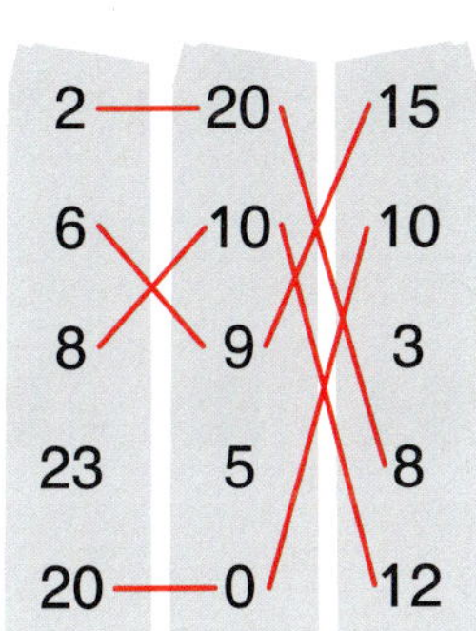

c) … immer 40 ergibt.

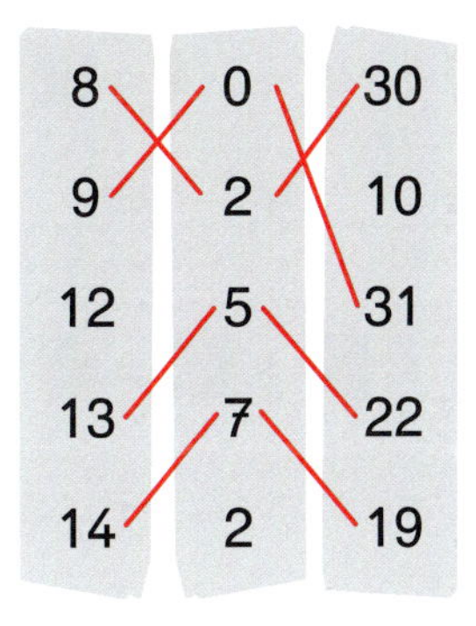

In jedem Päckchen gibt es vier Aufgaben.

2 Setzte die Zahlen 1, 2 oder 3 richtig ein. Rechne auch von oben nach unten.

a) 1, 2, 2, 2, 3, 3

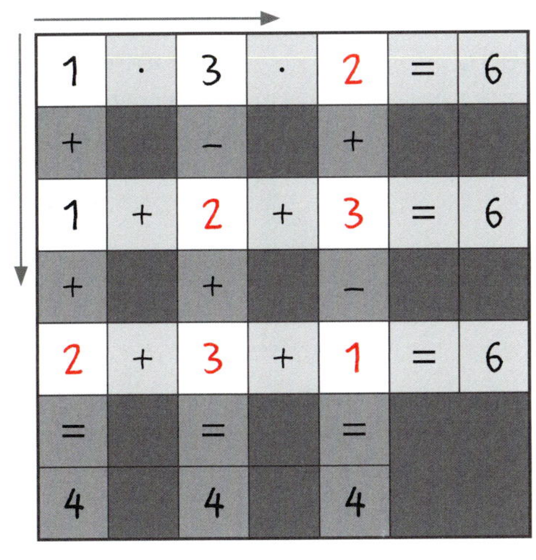

1	·	3	·	2	=	6
+		−		+		
1	+	2	+	3	=	6
+		+		−		
2	+	3	+	1	=	6
=		=		=		
4		4		4		

b) 1, 1, 2, 2, 3, 3

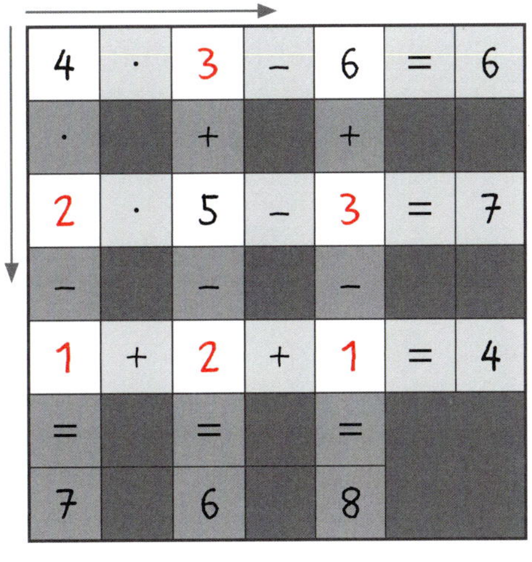

4	·	3	−	6	=	6
·		+		+		
2	·	5	−	3	=	7
−		−		−		
1	+	2	+	1	=	4
=		=		=		
7		6		8		

3 Setzte die passenden Zahlen ein. Eine Zahl bleibt immer übrig.

a) (7) 8 27 70 — 8 + 27 + 70 = 105

4 (5) 84 195 — 195 − 4 − 84 = 107

8 (9) 19 99 — 19 + 99 − 8 = 110

b) 4 7 (8) 10 — 4 · 7 · 10 = 280

(4) 5 6 40 — 6 · 40 + 5 = 245

(1) 7 8 70 — 70 : 7 − 8 = 2

c) 20 (30) 90 450 — 450 : 90 · 20 = 100

(15) 31 80 720 — 720 : 80 + 31 = 40

(2) 4 5 100 — 100 : 5 : 4 = 5

Kontrolle: Diese Zahlen bleiben übrig: 1, 2, 4, 5, 7, 8, 9, 15, 30

Zahlenrätsel

Geheime Aufgaben

1 Hinter jedem Zeichen versteckt sich eine Ziffer.
Gleiche Zeichen bedeuten gleiche Zahlen. Probiere mit Bleistift.

a) ◖ + ◖ + ◖ = ■◖

___ + ___ + ___ = ___

■ + ■ + ■ = ●

___ + ___ + ___ = ___

■◖ – ■▲ = ◖

___ – ___ = ___

b) ●▲ – ■▲ = ✱▲

___ – ___ = ___

●▲ – ■◖ = ■◖

___ – ___ = ___

■▲ + ■▲ + ■▲ = ●▲

___ + ___ + ___ = ___

◖ = ___
■ = ___
● = ___
▲ = ___
✱ = ___

___

Kontrolle: Die Summe aller versteckten Ziffern ist 11.

2 Früchterechnen: Gleiche Bilder bedeuten gleiche Ziffern.

🍓 + 🍓 = 12

🍓 · 🍎 = 24

24 · 🍊 = 48

🍓 + 🍌 + 🍎 + 🍊 = 13

🍌: ___ 🍓: ___ 🍎: ___ 🍊: ___

Die Summe aller versteckten Ziffern ist 13.

3 Hier steht jeder Buchstabe für eine Ziffer.

a) A · A = B A + A = B B + B = C

___ · ___ = ___ ___ + ___ = ___ ___ + ___ = ___

b) D · D = E E – E = F C – D = G

___ · ___ = ___ ___ – ___ = ___ ___ – ___ = ___

c) B · C = DA AB : C = D E · E = CH

___ · ___ = ___ ___ : ___ = ___ ___ · ___ = ___

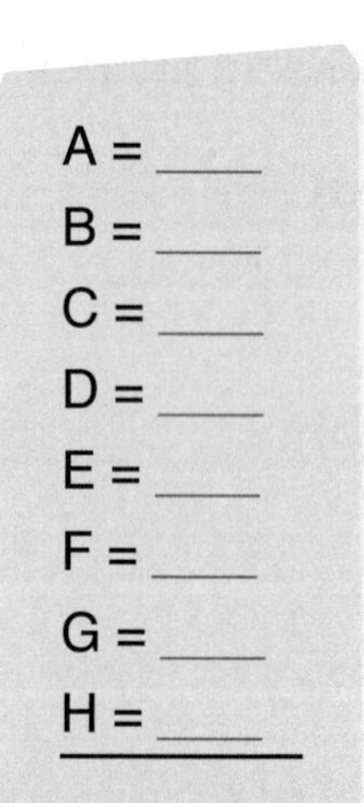

A = ___
B = ___
C = ___
D = ___
E = ___
F = ___
G = ___
H = ___

___

Kontrolle: Die Summe aller versteckten Ziffern ist 32.

Zahlenrätsel – Lösungen

Geheime Aufgaben

1 Hinter jedem Zeichen versteckt sich eine Ziffer.
Gleiche Zeichen bedeuten gleiche Zahlen. Probiere mit Bleistift.

a) ◖ + ◖ + ◖ = ■◖

5 + 5 + 5 = 15

■ + ■ + ■ = ●

1 + 1 + 1 = 3

■◖ – ■▲ = ◖

15 – 10 = 5

b) ●▲ – ■▲ = ✱▲

30 – 10 = 20

●▲ – ■◖ = ■◖

30 – 15 = 15

■▲ + ■▲ + ■▲ = ●▲

10 + 10 + 10 = 30

◖ = 5
■ = 1
● = 3
▲ = 0
✱ = 2

11

Kontrolle: Die Summe aller versteckten Ziffern ist 11.

2 Früchterechnen: Gleiche Bilder bedeuten gleiche Ziffern.

🍓 : 🍓 = 🍌   🍓 + 🍓 = 12

🍓 · 🍎 = 24   24 · ● = 48

🍓 + 🍌 + 🍎 + ● = 13

🍌 : 1   🍓 : 6   🍎 : 4   ● : 2

Die Summe aller versteckten Ziffern ist 13.

3 Hier steht jeder Buchstabe für eine Ziffer.

a) A · A = B   A + A = B   B + B = C

2 · 2 = 4   2 + 2 = 4   4 + 4 = 8

b) D · D = E   E – E = F   C – D = G

3 · 3 = 9   9 – 9 = 0   8 – 3 = 5

c) B · C = DA   AB : C = D   E · E = CH

4 · 8 = 32   24 : 8 = 3   9 · 9 = 81

A = 2
B = 4
C = 8
D = 3
E = 9
F = 0
G = 5
H = 1

32

Kontrolle: Die Summe aller versteckten Ziffern ist 32.

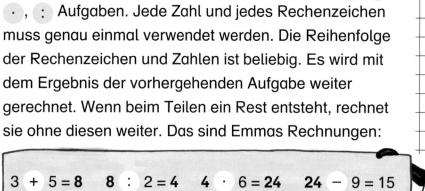

Zahlenrätsel

Aufgaben bilden

1 Emma sucht das größte Ergebnis. Sie bildet aus den fünf Zahlen 2, 3, 5, 6, 9 und den Rechenzeichen +, −, ·, : Aufgaben. Jede Zahl und jedes Rechenzeichen muss genau einmal verwendet werden. Die Reihenfolge der Rechenzeichen und Zahlen ist beliebig. Es wird mit dem Ergebnis der vorhergehenden Aufgabe weiter gerechnet. Wenn beim Teilen ein Rest entsteht, rechnet sie ohne diesen weiter. Das sind Emmas Rechnungen:

3 + 5 = **8** **8** : 2 = **4** **4** · 6 = **24** **24** − 9 = 15

Probiere aus. Mein höchstes Ergebnis: ____
Kontrolle: Das größte mögliche Ergebnis ist mehr als viermal größer als Emmas Ergebnis.

2 Paul hat drei Minusaufgaben ausgerechnet. Leider sind ihm die Zahlen dann durcheinandergewirbelt. Hilf ihm und setze die Aufgaben wieder richtig zusammen.

Lösung:

oder

421 59 367 86 498 85 413 453 362

3 Paul möchte zum Honigfass mitten im Irrgarten. Er kommt aber nur dahin, wenn er die Tore so durchläuft, dass die Summe der Torzahlen genau 100 ist. Zeichne Pauls Weg ein. Es gibt zwei Lösungen.

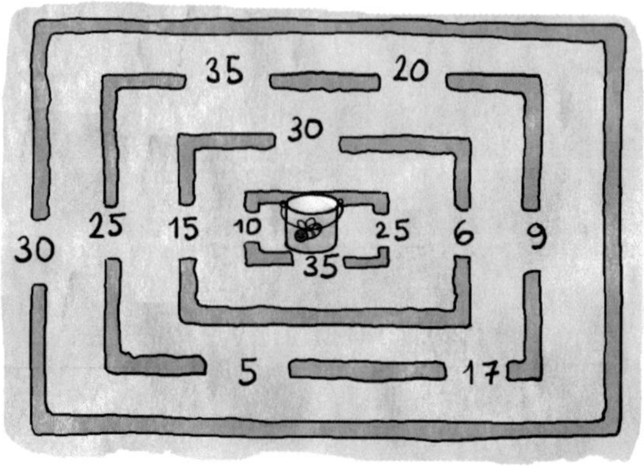

Zahlenrätsel – Lösungen

Aufgaben bilden

1 Emma sucht das größte Ergebnis. Sie bildet aus den fünf Zahlen 2, 3, 5, 6, 9 und den Rechenzeichen +, –, ·, : Aufgaben. Jede Zahl und jedes Rechenzeichen muss genau einmal verwendet werden. Die Reihenfolge der Rechenzeichen und Zahlen ist beliebig. Es wird mit dem Ergebnis der vorhergehenden Aufgabe weiter gerechnet. Wenn beim Teilen ein Rest entsteht, rechnet sie ohne diesen weiter. Das sind Emmas Rechnungen:

größtes mögliches Ergebnis:

6 : 2 = 3
3 + 5 = 8
8 · 9 = 72
72 – 3 = 69

3 + 5 = **8** **8** : 2 = **4** **4** · 6 = **24** **24** – 9 = 15

Probiere aus. Mein höchstes Ergebnis: ____
Kontrolle: Das größte mögliche Ergebnis ist mehr als viermal größer als Emmas Ergebnis.

2 Paul hat drei Minusaufgaben ausgerechnet. Leider sind ihm die Zahlen dann durcheinandergewirbelt. Hilf ihm und setze die Aufgaben wieder richtig zusammen.

Mein Tipp: Überschlage und beachte die Einer!

421 59 367 86 498 85 413 453 362

Lösung:

498 – 413 = 85
453 – 367 = 86
421 – 362 = 59

oder

498 – 85 = 413
453 – 86 = 367
421 – 59 = 362

3 Paul möchte zum Honigfass mitten im Irrgarten. Er kommt aber nur dahin, wenn er die Tore so durchläuft, dass die Summe der Torzahlen genau 100 ist. Zeichne Pauls Weg ein. Es gibt zwei Lösungen.

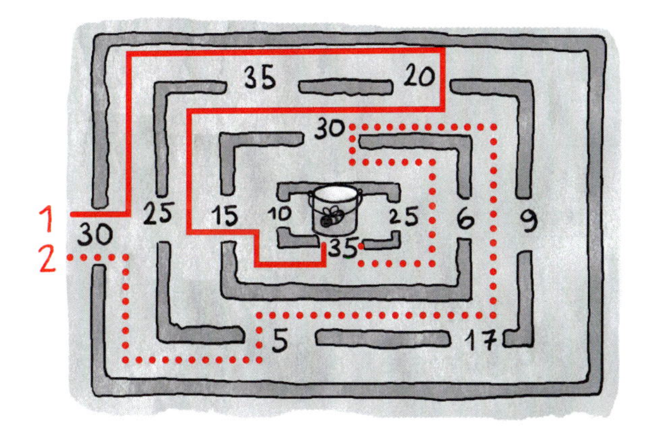

Zahlenrätsel

Rechenzeichen einsetzen

1 Setzte richtig ein: (+), (−)

a) 25 ◯ 35 ◯ 18 ◯ 22 = 20

b) 33 ◯ 100 ◯ 47 ◯ 80 = 100

c) 350 ◯ 480 ◯ 70 ◯ 550 = 350

d) 280 ◯ 155 ◯ 235 ◯ 420 = 620

e) 888 ◯ 299 ◯ 411 ◯ 612 = 790

f) 1000 ◯ 333 ◯ 243 ◯ 510 = 400

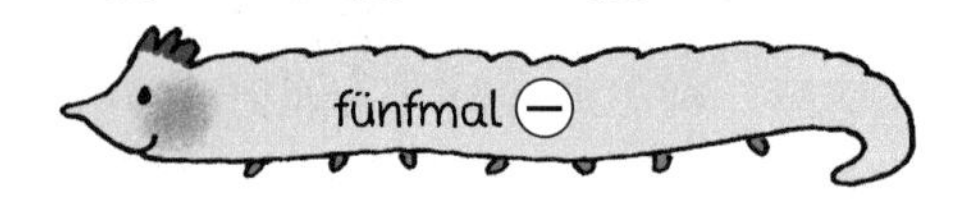

2 Setzte richtig ein: (−), (·), (:)

a) 450 ◯ 5 ◯ 3 ◯ 50 = 220

b) 80 ◯ 6 ◯ 120 ◯ 60 = 300

c) 720 ◯ 80 ◯ 70 ◯ 300 = 330

2-mal (:), 2-mal (·), 4-mal (−)

3 Setzte richtig ein: (+), (·), (:)

a) 350 ◯ 7 ◯ 590 ◯ 8 = 80

b) 60 ◯ 4 ◯ 6 ◯ 450 = 490

c) 295 ◯ 5 ◯ 60 ◯ 80 = 85

4-mal (+), 1-mal (·), 4-mal (:)

4 Links und rechts das Gleiche.

a) nur (+) und (−)

333 ◯ 222 = 55 ◯ 56

455 ◯ 145 = 825 ◯ 515

285 ◯ 115 = 650 ◯ 250

1000 ◯ 525 = 220 ◯ 255

b) nur (·) und (:)

630 ◯ 9 = 35 ◯ 2

50 ◯ 5 = 1000 ◯ 4

999 ◯ 3 = 111 ◯ 3

540 ◯ 6 = 810 ◯ 9

5 Rechenquadrat

21	◯	7	◯	3	=	25
◯		◯		◯		
8	◯	5	◯	4	=	44
◯		◯		◯		
9	◯	6	◯	2	=	56
=		=		=		
4		41		24		

Setze ein:
4-mal (+)
3-mal (−)
5-mal (·)
Im Rechenquadrat sind sechs Aufgaben versteckt.

Zahlenrätsel – Lösungen

Rechenzeichen einsetzen

1 Setzte richtig ein: (+), (−)

a) 25 (+) 35 (−) 18 (−) 22 = 20

b) 33 (+) 100 (+) 47 (−) 80 = 100

c) 350 (+) 480 (+) 70 (−) 550 = 350

d) 280 (+) 155 (−) 235 (+) 420 = 620

e) 888 (−) 299 (−) 411 (+) 612 = 790

f) 1000 (−) 333 (+) 243 (−) 510 = 400

2 Setzte richtig ein: (−), (·), (:)

a) 450 (:) 5 (·) 3 (−) 50 = 220

b) 80 (·) 6 (−) 120 (−) 60 = 300

c) 720 (:) 80 (·) 70 (−) 300 = 330

2-mal (:), 2-mal (·), 4-mal (−)

3 Setzte richtig ein: (+), (·), (:)

a) 350 (:) 7 (+) 590 (:) 8 = 80

b) 60 (·) 4 (:) 6 (+) 450 = 490

c) 295 (+) 5 (:) 60 (+) 80 = 85

4-mal (+), 1-mal (·), 4-mal (:)

4 Links und rechts das Gleiche.

a) nur (+) und (−)

333 (−) 222 = 55 (+) 56

455 (−) 145 = 825 (−) 515

285 (+) 115 = 650 (−) 250

1000 (−) 525 = 220 (+) 255

b) nur (·) und (:)

630 (:) 9 = 35 (·) 2

50 (·) 5 = 1000 (:) 4

999 (:) 3 = 111 (·) 3

540 (:) 6 = 810 (:) 9

5 Rechenquadrat

21	+	7	−	3	=	25
−		·		·		
8	·	5	+	4	=	44
−		+		·		
9	·	6	+	2	=	56
=		=		=		
4		41		24		

978-3-589-16642-8 Autoren: Jörg Krampe und Rolf Mittelmann • Das Knobelheft für die Klassen 3 und 4 • Illustrationen: Antje Keidies (Pinguin); Theresia Koppers (Raupen)

Zahlenrätsel

Optimale Wege

1 Paul will zu Emma. Auf seinem Weg addiert er die Zahlen auf den Eisschollen.
Sein Ergebnis soll möglichst nah bei 140 liegen.
Pauls erster Versuch ist dunkelgrau eingezeichnet. Berechne die Ergebniszahl.
A: Die Zahlen auf Pauls Weg ergeben zusammen ____ .

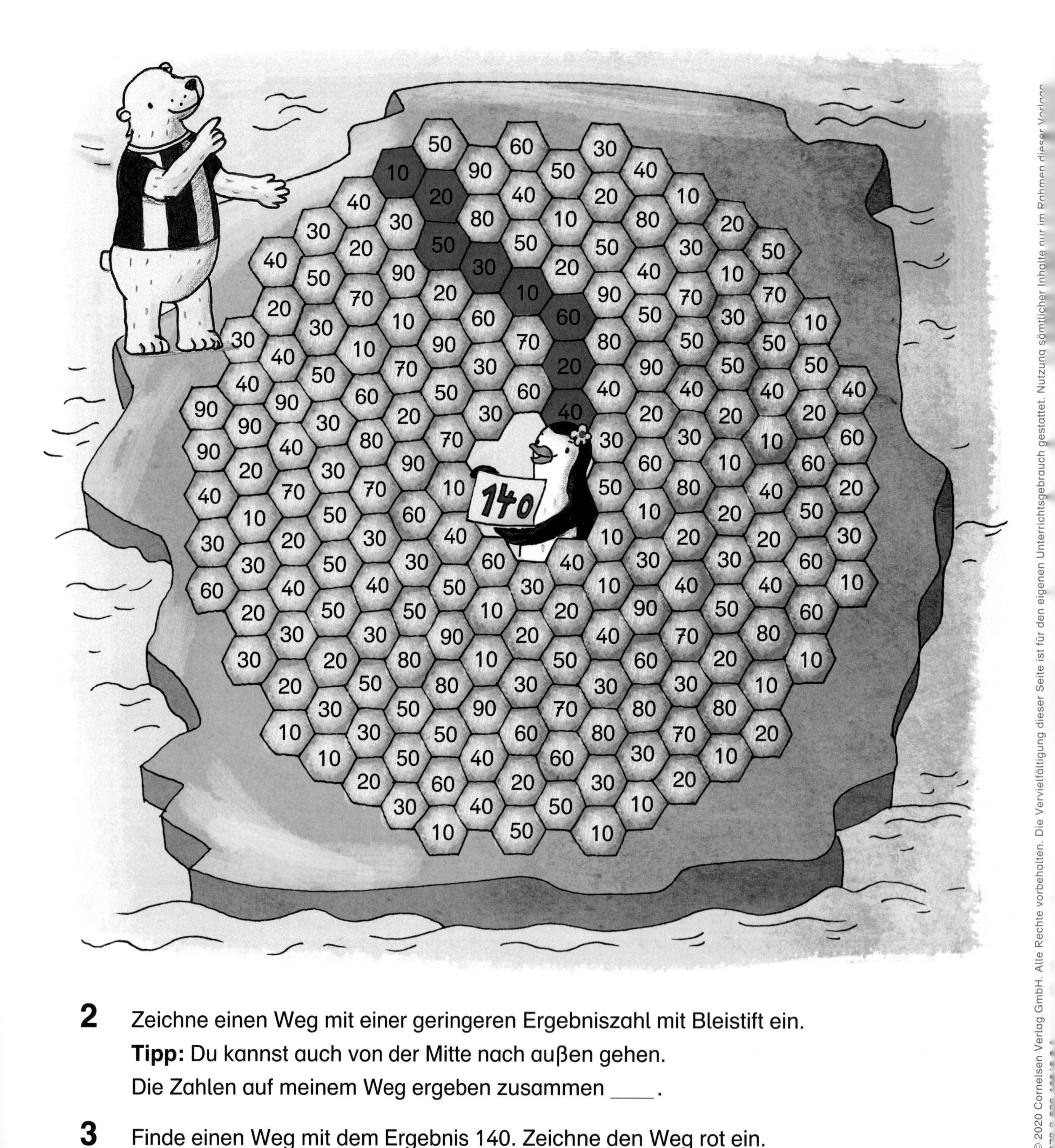

2 Zeichne einen Weg mit einer geringeren Ergebniszahl mit Bleistift ein.
Tipp: Du kannst auch von der Mitte nach außen gehen.
Die Zahlen auf meinem Weg ergeben zusammen ____ .

3 Finde einen Weg mit dem Ergebnis 140. Zeichne den Weg rot ein.

Zahlenrätsel – Lösungen

Optimale Wege

1 Paul will zu Emma. Auf seinem Weg addiert er die Zahlen auf den Eisschollen.
Sein Ergebnis soll möglichst nah bei 140 liegen.
Pauls erster Versuch ist dunkelgrau eingezeichnet. Berechne die Ergebniszahl.
A: Die Zahlen auf Pauls Weg ergeben zusammen 240.

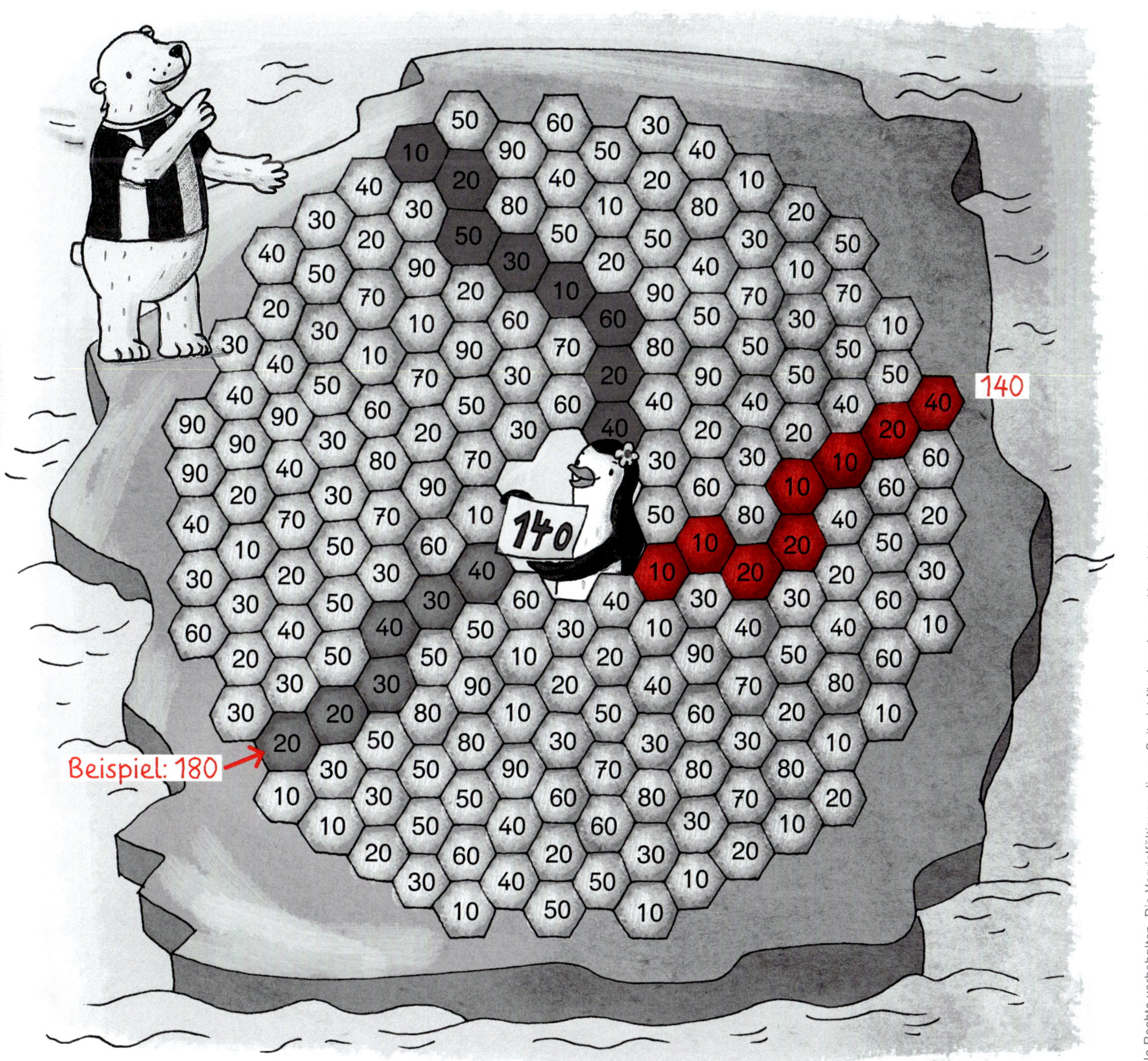

2 Zeichne einen Weg mit einer geringeren Ergebniszahl mit Bleistift ein.
Tipp: Du kannst auch von der Mitte nach außen gehen.
Die Zahlen auf meinem Weg ergeben zusammen ____.

3 Finde einen Weg mit dem Ergebnis 140. Zeichne den Weg rot ein.

Zahlenrätsel

Zahlensteckbriefe

1 Finde diese Zahlen:

a) Die beiden Nachbarzehner der Zahl sind 410 und 420.
Der Einer ist doppelt so groß wie der Hunderter.
Kontrolle: Die Quersumme der gesuchten Zahl ist 13.

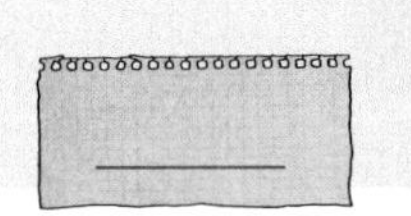

b) Die Zahl liegt zwischen 800 und 900. Der Hunderter ist um 1 größer als der Zehner. Der Einer ist halb so groß wie der Hunderter.
Kontrolle: Die Quersumme der gesuchten Zahl ist 19.

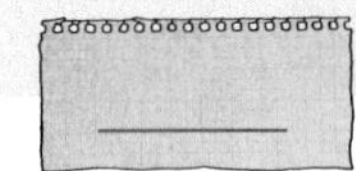

c) Die Zahl liegt zwischen 600 und 700.
Sie ist ein Vielfaches von 10 und ein Vielfaches von 8.
Kontrolle: Die Quersumme der gesuchten Zahl ist 10.

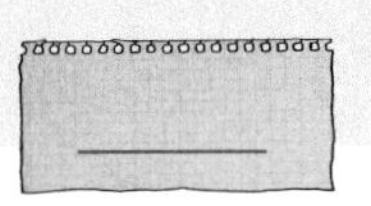

2 Zahlensuche: Finde alle dreistelligen Zahlen …

a) … mit den Ziffern 1, 2 und 3.

____, ____, ____, ____, ____, ____

b) … zwischen 385 und 415 die genau eine 0 enthalten.

____, ____, ____, ____, ____, ____, ____, ____, ____, ____, ____

3 Welche Zahlen sind gesucht?

Wenn ich von meiner Zahl die Hälfte von 456 subtrahiere, erhalte ich 456.
Wenn ich zu meiner Zahl das Doppelte der Zahl addiere, erhalte ich 993.
Wenn ich die Zahl mit 7 multipliziere und dann 25 addiere, erhalte ich 515.

Die Quersummen der drei gesuchten Zahlen sind: 7, 7, 9, 18. Eine Zahl bleibt übrig.

Zahlenrätsel – Lösungen

Zahlensteckbriefe

1 Finde diese Zahlen:

a) Die beiden Nachbarzehner der Zahl sind 410 und 420.
Der Einer ist doppelt so groß wie der Hunderter.
Kontrolle: Die Quersumme der gesuchten Zahl ist 13. **418**

b) Die Zahl liegt zwischen 800 und 900. Der Hunderter ist um 1 größer als der Zehner. Der Einer ist halb so groß wie der Hunderter.
Kontrolle: Die Quersumme der gesuchten Zahl ist 19. **874**

c) Die Zahl liegt zwischen 600 und 700.
Sie ist ein Vielfaches von 10 und ein Vielfaches von 8.
Kontrolle: Die Quersumme der gesuchten Zahl ist 10. **640**

2 Zahlensuche: Finde alle dreistelligen Zahlen …

a) … mit den Ziffern 1, 2 und 3.
123, 132, 213, 231, 312, 321

b) … zwischen 385 und 415, die genau eine 0 enthalten.
390, 401, 402, 403, 404, 405, 406, 407, 408, 409, 410

3 Welche Zahlen sind gesucht?

Wenn ich von meiner Zahl die Hälfte von 456 subtrahiere, erhalte ich 456.
684
Wenn ich zu meiner Zahl das Doppelte der Zahl addiere, erhalte ich 993.
331
Wenn ich die Zahl mit 7 multipliziere und dann 25 addiere, erhalte ich 515.
70

Die Quersummen der drei gesuchten Zahlen sind: 7, 7, 9, 18. Eine Zahl bleibt übrig.

Zahlenrätsel

Versteckte Zahlen

1 Schriftliche Addition

Hinter jedem Buchstaben steckt eine Ziffer.

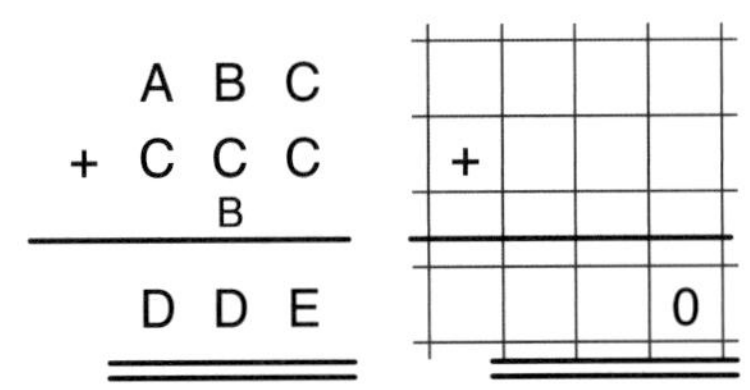

F C D
+ A A D
B
H H G

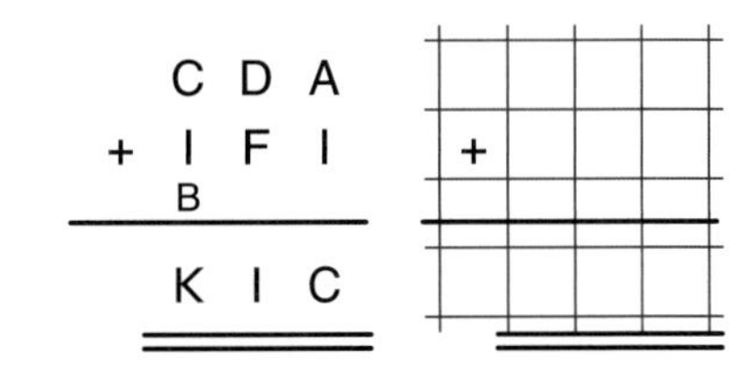

A = ___, B = ___, C = ___, D = ___, E = 0, F = ___, G = ___, H = ___, I = ___, K = ___

Kontrolle: Die Summe aller Zahlen ist 45.

2 Für welche Zahlen stehen die Buchstaben?

	A	A	A
+	C	B	A
+	C	C	A
	2	2	
2	A	6	1

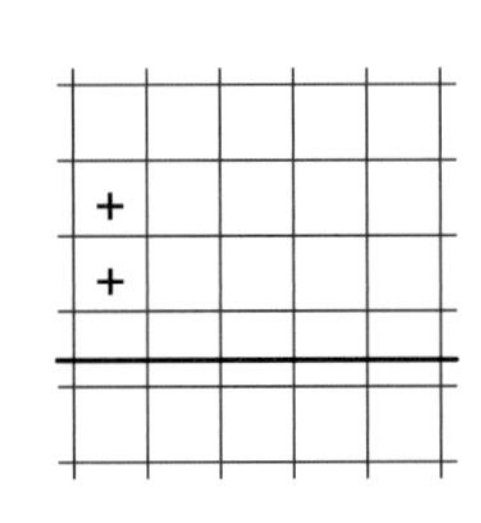

	A	B	C	D
+	E	D	C	A
+		C	E	D
	2	2	1	
1	2	4	2	A

3 Hinter jedem Zeichen versteckt sich eine Zahl.
Gleiche Zeichen bedeuten gleiche Zahlen.

a) □ + □ + □ = 60

1000 : □ = ⯃

⯃ + ⯃ = ⬭

⯃ · ⯃ = ◠

◠ + ◠ = ▭

▭ : ⯃ = ⬭

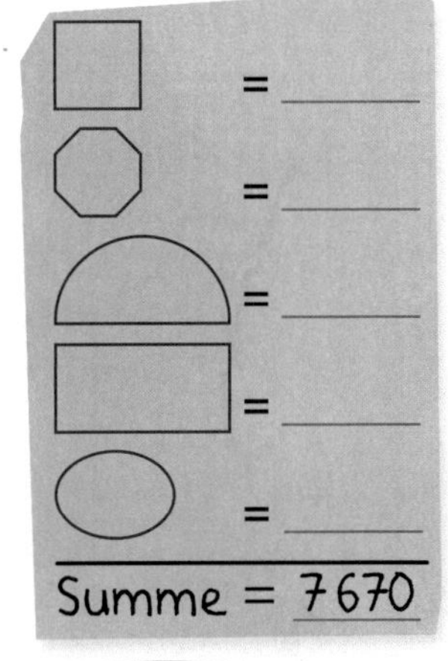

· 4 =

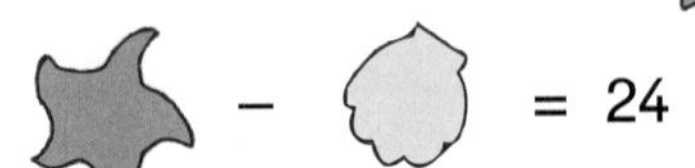

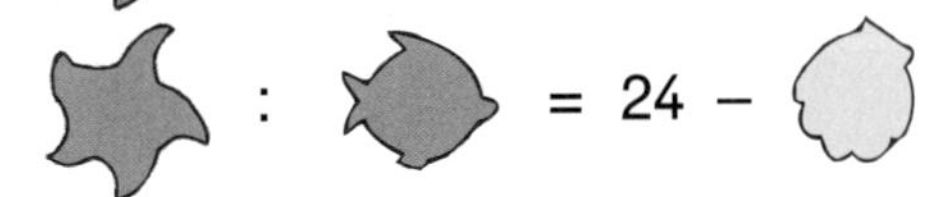

Kontrolle:

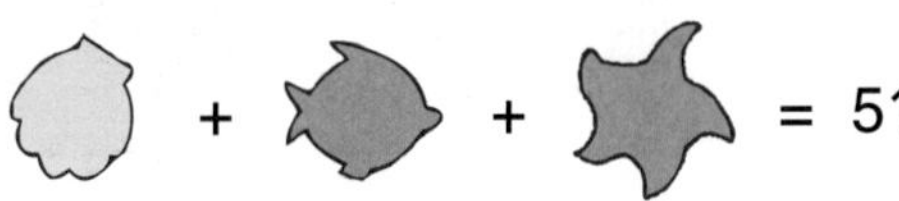

Zahlenrätsel – Lösungen

Versteckte Zahlen

1 Schriftliche Addition

Hinter jedem Buchstaben steckt eine Ziffer.

	A	B	C
+	C	C	C
		B	
	D	D	E

	2	1	5
+	5	5	5
		1	
	7	7	0

	F	C	D
+	A	A	D
		B	
	H	H	G

	6	5	7
+	2	2	7
		1	
	8	8	4

	C	D	A
+	I	F	I
	B		
	K	I	C

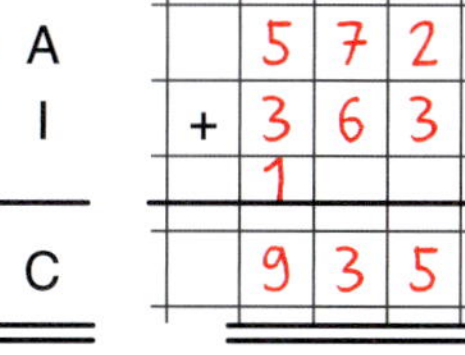

	5	7	2
+	3	6	3
	1		
	9	3	5

A = 2, B = 1, C = 5, D = 7, E = 0, F = 6, G = 4, H = 8, I = 3, K = 9

Kontrolle: Die Summe aller Zahlen ist 45.

2 Für welche Zahlen stehen die Buchstaben?

	A	A	A
+	C	B	A
+	C	C	A
	2	2	
2	A	6	1

	7	7	7
+	9	8	7
+	9	9	7
	2	2	
2	7	6	1

	A	B	C	D
+	E	D	C	A
+		C	E	D
	2	2	1	
1	2	4	2	A

	7	8	9	5
+	3	5	9	7
+		9	3	5
	2	2	1	
1	2	4	2	7

A = 7
B = 8
C = 9
D = 5
E = 3
Summe = 32

3 Hinter jedem Zeichen versteckt sich eine Zahl.
Gleiche Zeichen bedeuten gleiche Zahlen.

a) 20 + 20 + 20 = 60

1000 : 20 = 50

50 + 50 = 100

50 · 50 = 2500

2500 + 2500 = 5000

5000 : 50 = 100

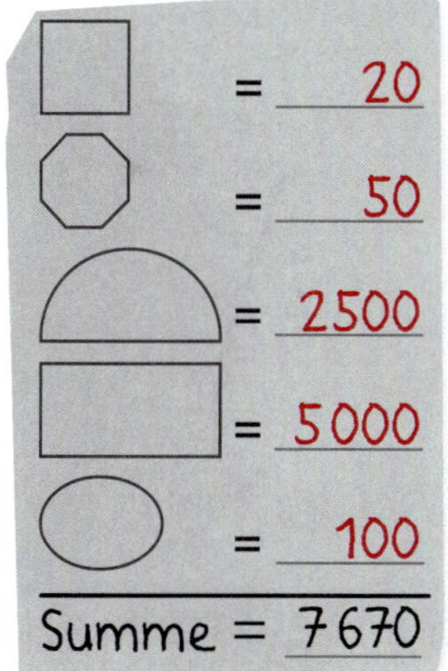

b)

3 · 4 = 12

3 · 12 = 36

36 – 12 = 24

36 : 3 = 24 – 12

Kontrolle:

12 + 3 + 36 = 51

978-3-589-16642-8 Autoren: Jörg Krampe und Rolf Mittelmann • Das Knobelheft für die Klassen 3 und 4 • Illustrationen: Antje Keidies

Zahlenrätsel

Römische Zahlen

Was sind denn das für Zeichen?

Das sind die römischen Zahlen von 1 bis 12. Sie werden mit diesen Zeichen gebildet.

Die römischen Zahlen werden nach festen Regeln gebildet.

- ✽ Die Werte der Zeichen werden meist addiert.
- ✽ Es wird subtrahiert, wenn das rechte Zeichen einen höheren Wert hat als das linke.
- ✽ Für größere Zahlen gibt es noch vier weitere Zeichen: **L** = 50, **C** = 100, **D** = 500, **M** = 1000
- ✽ Höchstens drei gleiche Zeichen stehen nebeneinander.
- ✽ V, L, D stehen jeweils nur einmal.

Beispiele

III = 1 + 1 + 1 = 3
VI = 5 + 1 = 6
IV = 5 – 1 = 4
IX = 10 – 1 = 9

1 Welche Zahlen sind es?

a) LXI = ____ + ____ + ____ = ____
DCC = ____ + ____ + ____ = ____
CXIII = ____ + ____ + ____ = ____

b) XC = ____ – ____ = ____
CD = ____ – ____ = ____
XIV = ____ + ____ – ____ = ____

2 Welche Zahlen sind es? Wandle im Kopf um.

a) XXVIII = ______
LXXI = ______

b) MMXI = ______
MDCCL = ______

c) DCXL = ______
MDCIX = ______

3 Schreibe die Zahlen mit römischen Zeichen.

a) 52 = __________
125 = __________
1656 = __________

b) 915 = __________
2209 = __________
444 = __________

Lösungszahlen: 14, 28, 61, 71, 90, 99, 113, 400, 640, 700, 1609, 1750, 2011
CDXLIV, CMXV, CXXV, LII, MDCLVI, MMCCIX
(eine Zahl bleibt unbenutzt)

Zahlenrätsel – Lösungen

Römische Zahlen

Die römischen Zahlen werden nach festen Regeln gebildet.

- Die Werte der Zeichen werden meist addiert.
- Es wird subtrahiert, wenn das rechte Zeichen einen höheren Wert hat als das linke.
- Für größere Zahlen gibt es noch vier weitere Zeichen: **L** = 50, **C** = 100, **D** = 500, **M** = 1000
- Höchstens drei gleiche Zeichen stehen nebeneinander.
- V, L, D stehen jeweils nur einmal.

Beispiele
III = 1 + 1 + 1 = 3
VI = 5 + 1 = 6
IV = 5 – 1 = 4
IX = 10 – 1 = 9

1 Welche Zahlen sind es?

a) LXI = 50 + 10 + 1 = 61
DCC = 500 + 100 + 100 = 700
CXIII = 100 + 10 + 3 = 113

b) XC = 100 – 10 = 90
CD = 500 – 100 = 400
XIV = 10 + 5 – 1 = 14

2 Welche Zahlen sind es? Wandle im Kopf um.

a) XXVIII = 28
LXXI = 71

b) MMXI = 2011
MDCCL = 1750

c) DCXL = 640
MDCIX = 1609

3 Schreibe die Zahlen mit römischen Zeichen.

a) 52 = LII
125 = CXXV
1656 = MDCLVI

b) 915 = CMXV
2209 = MMCCIX
444 = CDXLIV

Lösungszahlen: 14, 28, 61, 71, 90, 99, 113, 400, 640, 700, 1609, 1750, 2011
CDXLIV, CMXV, CXXV, LII, MDCLVI, MMCCIX
(eine Zahl bleibt unbenutzt)

978-3-589-16642-8 Autoren: Jörg Krampe und Rolf Mittelmann • Das Knobelheft für die Klassen 3 und 4 • Illustrationen: Antje Keidies (Eisbär, Pinguin); Theresia Koppers (Römer)

Kombinatorik und Wahrscheinlichkeiten

Kombinatorik

1 Linda spielt Tennis. Dabei trägt sie eine Kappe, ein T-Shirt und einen Rock.
Sie hat diese Kleidungsstücke zur Auswahl:

Wie viele verschiedene Outfits sind möglich? Färbe im Baumdiagramm.

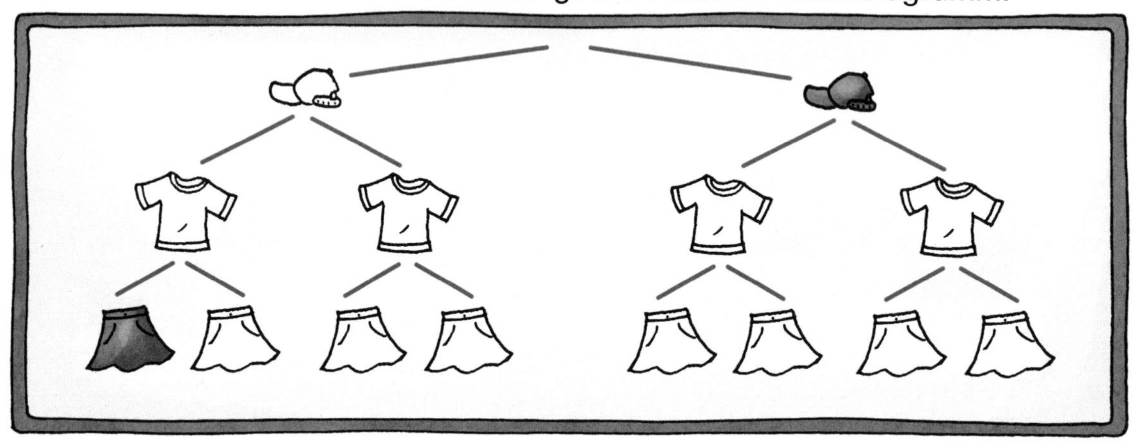

Es sind ____ verschiedene Outfits möglich.

2 Nach dem Training geht Linda mit Papa essen. Papa möchte sich ein Menü aus Vorspeise, Hauptgericht und Nachspeise zusammenstellen.

Wie viele verschiedene Menüs sind möglich?
Zeichne das Baumdiagramm fertig.

Vorspeise: S T

Hauptgericht: B

Nachspeise:

Es sind ___ verschiedene Menüs möglich.

Kontrolle: Die Ergebnisse von **Aufgabe 1** und **2** ergeben addiert die Zehnerzahl ___.

Kombinatorik und Wahrscheinlichkeiten – Lösungen

Kombinatorik

1 Linda spielt Tennis. Dabei trägt sie eine Kappe, ein T-Shirt und einen Rock.
Sie hat diese Kleidungsstücke zur Auswahl:

Wie viele verschiedene Outfits sind möglich? Färbe im Baumdiagramm.

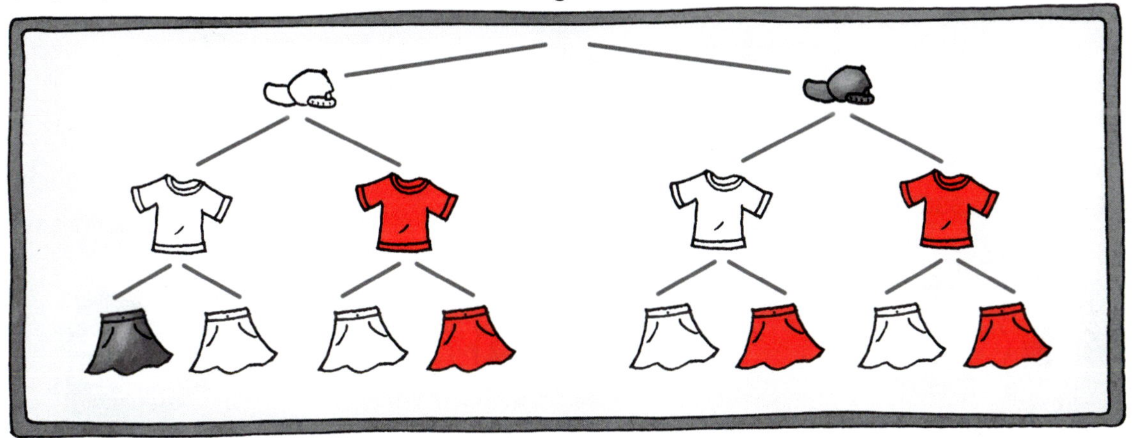

Es sind 8 verschiedene Outfits möglich.

2 Nach dem Training geht Linda mit Papa essen. Papa möchte sich ein Menü aus Vorspeise, Hauptgericht und Nachspeise zusammenstellen.

Wie viele verschiedene Menüs sind möglich?
Zeichne das Baumdiagramm fertig.

Vorspeise: S T P

Hauptgericht: B F B F B F

Nachspeise: O E O E O E O E O E O E

Es sind 12 verschiedene Menüs möglich.
Kontrolle: Die Ergebnisse von **Aufgabe 1** und **2** ergeben addiert die Zehnerzahl 20.

Kombinatorik und Wahrscheinlichkeiten

Wahrscheinlichkeiten

1 Welche Glücksräder sind es? Schreibe die richtigen Buchstaben auf.

F T H E R

a) Bei den Rädern sind dunkelgrau und hellgrau gleich wahrscheinlich.
Glücksräder: ___, ___

b) Bei den Rädern ist hellgrau wahrscheinlicher als dunkelgrau.
Glücksräder: ___, ___

Kontrolle: ___ ___ ___ ___

2 Stell dir vor, du ziehst mit verbundenen Augen eine Kugel.
Ordne jeder Aussage die richtige Schachtel zu.

Aus Schachtel Z ziehst du wahrscheinlich eine weiße Kugel, weil …

U N A Z

Z Es ist **wahrscheinlich,** dass du eine weiße Kugel ziehst.

A Es ist **möglich,** dass du eine schwarze Kugel ziehst.

U Es ist **wahrscheinlich,** dass du eine graue Kugel ziehst.

N Es ist **sicher,** dass du eine weiße Kugel ziehst.

Kontrolle: ___ ___ ___ ___

3 Pia zieht immer nur eine Kugel und legt sie vor dem nächsten Zug zurück in den Sack. Aus welchem Sack hat sie wahrscheinlich gezogen?

A: 10 ○ 10 ●

B: 3 ○ 3 ● 15 ◍

C: 20 ● 1 ◍ 5 ○

a) Pia hat 15-mal gezogen. Es waren 1 schwarze und 14 graue Kugeln.
Antwort: Pia hat wahrscheinlich aus Sack ___ gezogen.

___

b) Pia hat 5-mal gezogen. Es waren 1 weiße und 4 schwarze Kugeln.
Antwort: Pia hat wahrscheinlich aus Sack ___ gezogen.

___

Kontrolle: Ungenutzt bleibt Sack ___.

Kombinatorik und Wahrscheinlichkeiten – Lösungen

Wahrscheinlichkeiten

1 Welche Glücksräder sind es? Schreibe die richtigen Buchstaben auf.

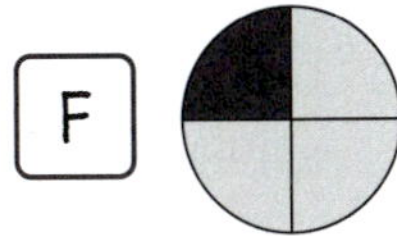

F

T

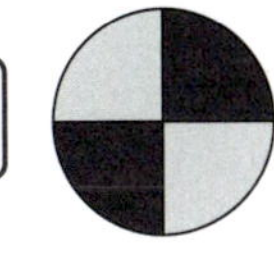
H

E

R

a) Bei den Rädern sind dunkelgrau und hellgrau gleich wahrscheinlich.
Glücksräder: H, E

b) Bei den Rädern ist hellgrau wahrscheinlicher als dunkelgrau.
Glücksräder: F, T

Kontrolle: H E F T

2 Stell dir vor, du ziehst mit verbundenen Augen eine Kugel.
Ordne jeder Aussage die richtige Schachtel zu.

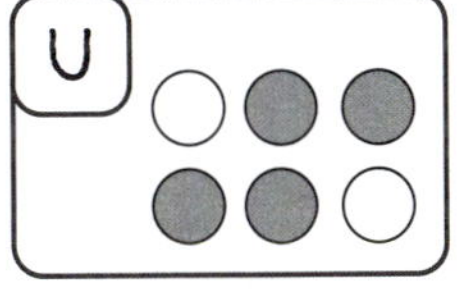

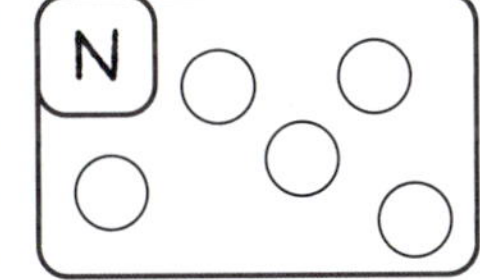

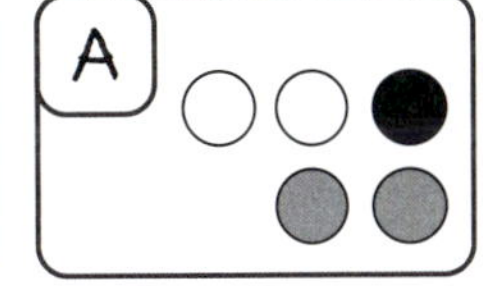

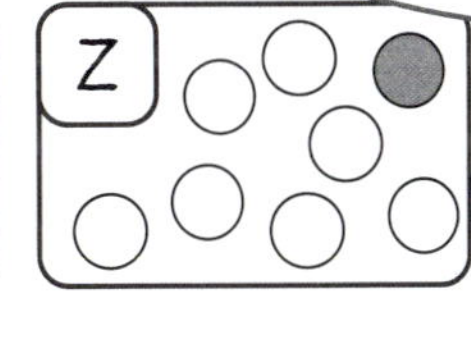

Z Es ist **wahrscheinlich,** dass du eine weiße Kugel ziehst.
Denn in Schachtel Z sind mehr weiße als graue Kugeln.

A Es ist **möglich,** dass du eine schwarze Kugel ziehst.
Denn nur in Schachtel A gibt es eine schwarze Kugel.

U Es ist **wahrscheinlich,** dass du eine graue Kugel ziehst.
Denn in Schachtel U sind mehr graue als weiße Kugeln.

N Es ist **sicher,** dass du eine weiße Kugel ziehst.
Denn in Schachtel N sind nur weiße Kugeln.

Kontrolle: Z A U N

3 Pia zieht immer nur eine Kugel und legt sie vor dem nächsten Zug zurück in den Sack. Aus welchem Sack hat sie wahrscheinlich gezogen?

10 ○ 10 ●

3 ○ 3 ● 15 ◉

20 ● 1 ◉ 5 ○

a) Pia hat 15-mal gezogen. Es waren 1 schwarze und 14 graue Kugeln.
Antwort: Pia hat wahrscheinlich aus Sack B gezogen.
Denn es gibt in Sack B viel mehr graue Kugeln als schwarze.

b) Pia hat 5-mal gezogen. Es waren 1 weiße und 4 schwarze Kugeln.
Antwort: Pia hat wahrscheinlich aus Sack C gezogen.
Denn in Sack C sind viermal so viele schwarze Kugeln wie weiße.

Kontrolle: Ungenutzt bleibt Sack A.

Kombinatorik und Wahrscheinlichkeiten

Wahrscheinlichkeiten

1 Würfelrennen für 2 Kinder

So geht's:
• Würfelt abwechselnd mit zwei Würfeln und addiert die Augenzahlen.
• Wer eine 6 würfelt, beginnt und darf auf Bahn A oder B setzen.
• Wer die Zahl seines Standplatzes würfelt, darf weiterziehen.
• Bei jedem Zug dürft ihr die Bahn wechseln, auch wenn das Feld schon besetzt ist.
Ich bleibe einfach auf Bahn A.
Würfelrennen
START
6
BAHN A
2 8 9 7 12 4
BAHN B
7 11 4 10 6 5
ZIEL
Nein, 7 kann man häufiger erwürfeln als 2.

2 Was meint Emma? Fülle die Tabelle aus und erkläre.

Summe	2	3	4	5	6	7	8	9	10	11	12
Würfelzahlen											
Anzahl der Möglichkeiten	1	2									

3 Welche Summen werden wahrscheinlich häufiger gewürfelt als andere? ___, ___, ___
Zeichne den günstigsten Weg oben in das Spielfeld ein.
Kontrolle: Die Zahlen auf dem günstigsten Weg ergeben zusammen 42.

4 Emma und Paul spielen noch einige Male. Emma nimmt immer den günstigsten Weg. Warum gewinnt sie trotzdem nicht immer?

A: ____

____

Kombinatorik und Wahrscheinlichkeiten – Lösungen

Wahrscheinlichkeiten

1 Würfelrennen für 2 Kinder

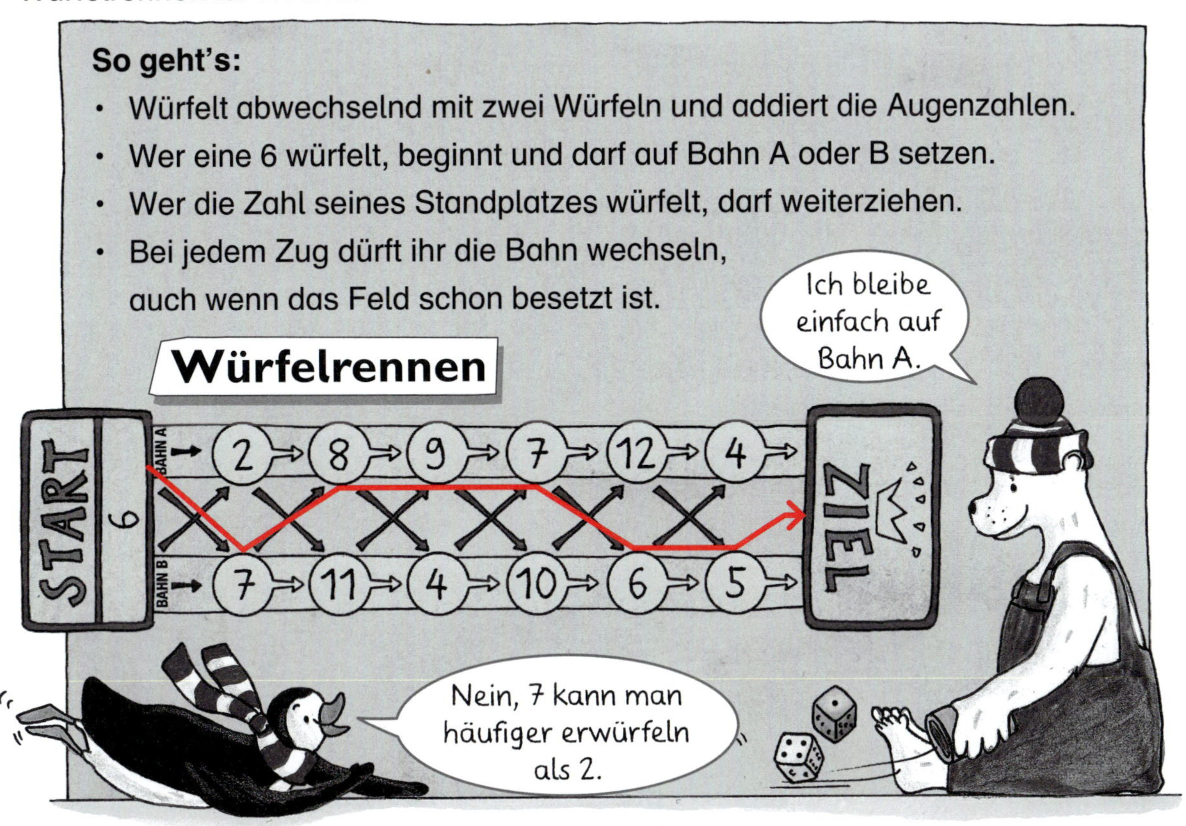

So geht's:
• Würfelt abwechselnd mit zwei Würfeln und addiert die Augenzahlen.
• Wer eine 6 würfelt, beginnt und darf auf Bahn A oder B setzen.
• Wer die Zahl seines Standplatzes würfelt, darf weiterziehen.
• Bei jedem Zug dürft ihr die Bahn wechseln, auch wenn das Feld schon besetzt ist.
Würfelrennen
Ich bleibe einfach auf Bahn A.
START 6
BAHN A
2 8 9 7 12 4
BAHN B
7 11 4 10 6 5
ZIEL
Nein, 7 kann man häufiger erwürfeln als 2.

2 Was meint Emma? Fülle die Tabelle aus und erkläre.

Summe	2	3	4	5	6	7	8	9	10	11	12
Würfelzahlen	⚀⚀	⚀⚁ ⚁⚀	⚀⚂ ⚁⚁ ⚂⚀	⚀⚃ ⚁⚂ ⚂⚁ ⚃⚀	⚀⚄ ⚁⚃ ⚂⚂ ⚃⚁ ⚄⚀	⚀⚅ ⚁⚄ ⚂⚃ ⚃⚂ ⚄⚁ ⚅⚀	⚁⚅ ⚂⚄ ⚃⚃ ⚄⚂ ⚅⚁	⚂⚅ ⚃⚄ ⚄⚃ ⚅⚂	⚃⚅ ⚄⚄ ⚅⚃	⚄⚅ ⚅⚄	⚅⚅
Anzahl der Möglichkeiten	1	2	3	4	5	6	5	4	3	2	1

3 Welche Summen werden wahrscheinlich häufiger gewürfelt als andere? 6, 7, 8
Zeichne den günstigsten Weg oben in das Spielfeld ein.
Kontrolle: Die Zahlen auf dem günstigsten Weg ergeben zusammen 42.

4 Emma und Paul spielen noch einige Male. Emma nimmt immer den günstigsten Weg. Warum gewinnt sie trotzdem nicht immer?

A: „Wahrscheinlichkeit" und „Würfelglück" stimmen nicht immer überein.

Ratgeber und Praxishilfen
Kreative Impulse und konkrete Unterstützung

Lehrwerkunabhängige Materialien, die Sie im pädagogischen Alltag spürbar entlasten:

- **Ratgeber** zu allen aktuellen Themen rund um Ihren Unterrichts- und Schulalltag
- **Fachliteratur** zur Methodik und Didaktik – für angehende sowie für erfahrene Lehrkräfte
- **Methodenbücher**, (Lern-)Spiele und Rätselsammlungen – für Ihr Fach sowie fachübergreifend
- **Übungen** zum Wiederholen und Festigen von Inhalten
- **Kopiervorlagen** zu allen gängigen Lehrplanthemen, Kompetenzbereichen und für Vertretungsstunden

Online mehr erfahren:
crnl.sn/unterrichtshilfen